NOUVEAU
THÉATRE

A L'USAGE

DES JEUNES PERSONNES

JULIE

DRAME EN TROIS ACTES.

PERSONNAGES :

La Vicomtesse DE BEAUVOIR.
Mme D'ENREMONT, jeune veuve.
THÉRÉSINE, sa sœur.
Mme BRANDOT.
JULIE sa fille, institutrice de Thérésine.
ADÈLE, } sœurs de Julie.
MINA,
CATHERINE, femme de chambre de la Vicomtesse.
MADELON, cuisinière de Mme d'Enremont.
Albertine DE MAUBERT, amie de Mme d'Enremont.
Chœur de jeunes filles.

JULIE

DRAME EN TROIS ACTES.

ACTE PREMIER.

Le théâtre représente la grande salle du château d'Enremont. Au coin, sur une table, on voit des cahiers, des livres d'étude et des joujoux d'enfant.

SCÈNE PREMIÈRE.

JULIE, toute seule; elle chante en travaillant :

O bonne Mère, à bénir toujours prête,
Toi que les saints honorent à genoux,
Dont le sourire apaise la tempête,
Et du Très-Haut désarme le courroux,
  Vierge divine,
   Du haut des cieux
  Sur l'orpheline
  Jette les yeux.

Quand l'espérance à mes yeux presqu'éteinte
D'illusions n'endort plus ma douleur ;
Quand je gémis sous la funeste atteinte
Du noir chagrin qu'enfante le malheur.
  Vierge divine,
   Du haut des cieux

Sur l'orpheline
Jette les yeux.

SCÈNE II.

JULIE, MADELON.

MADELON.

Déjà au travail, mamzelle Julie? Vous finirez par vous rendre malade.

JULIE.

Non, ma bonne Madelon, je me porte aujourd'hui mieux que jamais.

MADELON.

C'est vrai qu'il y a longtemps que je ne vous avais vue aussi rougeaude, vous qui êtes toujours blanche comme une bonne mère de cire ; mais ça n'empêche pas que je vous ai entendue dans votre chambre bien avant qu'il fût jour et que c'est toujours la même chose.

JULIE.

Non, non, pas toujours ; mais cette nuit il m'était impossible de dormir. J'étais si contente à l'idée de revoir ma mère! Et puis, madame voulait avoir ce bonnet pour aujourd'hui, et je ne n'aurais pas voulu que cela retardât mon départ.

MADELON.

En v'là encore une de fantaisie : comme si elle n'avait pas d'autre bonnet à se mettre! D'ailleurs ce n'est pas votre charge de faire des bonnets, puisque vous êtes la gouvernante. Pourquoi donc

vous fait-elle faire aussi la femme de chambre ?
— Julie, arrangez mes cheveux. Julie, venez m'habiller. Julie par-ci, Julie par-là. Vous êtes cent fois trop bonne, vous gâtez le métier, ce ne serait pas moi qu'on dérangerait de mes casseroles, et vos livres à vous, c'est comme à moi mes casseroles, voyez-vous bien ?

JULIE.

Que voulez-vous, Madelon ? Je suis encore bien jeune, et j'ai peu d'instruction ; ce que je sais, je le dois en entier à madame Dumont, ma bonne maîtresse, chez qui j'ai été pendant deux ans seulement. Alors mon pauvre père mourut, et ma mère se trouva hors d'état de continuer à payer ma pension, parce que l'emploi de mon père était tout ce qu'il possédait. Madame Dumont, qui est un ange de bonté, voulait me garder pour rien ; mais ma mère tomba malade. Mes sœurs étaient toutes petites, j'allai soigner ma mère. Elle fut en danger pendant plus d'un an. Enfin le bon Dieu ne voulut pas nous rendre deux fois orphelines, elle se rétablit peu à peu ; mais cette longue maladie avait épuisé nos dernières ressources, il ne nous restait plus absolument que la petite maison de campagne que nous habitons encore, et qui était loin de suffire à nos besoins ; il fallait prendre un parti ; madame d'Enremont cherchait une gouvernante pour sa jeune sœur, elle voulut bien se contenter de mon peu de savoir et de mon zèle, une autre peut-être eût été plus difficile.

MADELON.

Bah ! bah ! soyez sûre qu'elle y trouvait son

compte ; elle ne vous donne que huit cents francs, et celles qui se présentaient étaient toutes de quinze cents ; je le sais bien, moi, avec ça que vous lui servez de femme de chambre encore : c'est une fière économie, allez ! Oh ! je connais madame mieux que vous ; elle regarde à l'argent sans qu'il y paraisse, chaque fois qu'il n'est pas question de son plaisir, s'entend ; car, l'hiver à la ville.... Enfin je ne suis pas une mauvaise langue ; mais je sais ce que je sais : suffit,

JULIE.

Ne parlez pas ainsi, Madelon ; madame est notre maîtresse et nous ne devons pas.....

MADELON.

Dame ! Mamzelle, elle ne le sera pas longtemps encore, si vous voulez m'en croire ; écoutez seulement ce que j'ai à vous dire ; hier soir j'étais chez monsieur le curé, un digne homme que je connais bien, moi, à tel compte que Mlle Rose, sa gouvernante, est ma marraine propre. En quittant ma marraine j'allai dire adieu à monsieur le curé ; il causait avec un vieille dame, et ma marraine me dit : Attends un moment, petite ; M. le curé est en affaires. La vieille dame parlait très-haut, car le brave homme est dur d'oreille : Si vous connaissiez une institutrice, telle qu'il me la faudrait pour ma petite fille, disait-elle, vous me rendriez un grand service. — Madame, dis-je alors en faisant la révérence, combien lui donneriez-vous par an ? — Pourquoi me demandez-vous cela ? répondit-elle, en ouvrant de grands yeux. — Parce que j'ai

peut-être votre affaire, lui dis-je, ça dépend du prix.
— Je donnerais volontiers mille francs, et j'irais jusqu'à douze cents si j'étais contente. — Cela va bien, celle dont je parle est mamzelle Julie, une honnête fille et bien instruite, je vous en réponds, moi. Monsieur le curé dit : Elle a raison, je la connais, vous ne pourriez pas mieux rencontrer. — Et moi, je dis encore : Je ne ferai ni une ni deux ; demain matin je lui en parlerai et je viendrai vous donner la réponse.

JULIE.

Je vous remercie de l'intérêt que vous me portez, ma chère Madelon.

MADELON.

Et quand vous serez chez la vieille dame, si elle a besoin d'une cuisinière et que la place soit bonne, suffit, vous comprenez. D'autant plus que je commence à m'ennuyer dans cette maison; personne n'y peut tenir : voyez plutôt les femmes de chambre, elles n'y restent pas quinze jours.

JULIE.

Si jamais je puis vous être utile, je le ferai avec grand plaisir ; mais je n'irai point chez votre dame.

MADELON.

Et pourquoi n'irez-vous point?

JULIE.

Parce que je suis engagée pour un an chez madame, et surtout parce que j'aurais trop de regret de quitter ma petite Thérésine que j'aime de tout mon cœur.

MADELON.

Bah! mamzelle Thérésine est bien gentille quand elle ne fait pas la méchante ; mais douze cents francs sont bien gentils aussi. Tenez, Mamzelle, croyez-moi, ne faites pas cette bêtise : quand on a besoin de travailler pour vivre il ne faut pas faire tant de sentiment, c'est bon pour les grandes dames. A présent je vous quitte pour préparer le chocolat de madame, pensez à ce que je vous ai dit : pareil avantage ne se rencontre pas tous les jours, demain vous me rendrez réponse.

JULIE.

Ayez la bonté de m'avertir lorsque l'omnibus passera.

MADELON.

Soyez tranquille, quand je me suis chargée d'une chose, on peut y compter.

SCÈNE III.

JULIE.

Non, je ne quitterai point ma chère élève, ma petite Thérésine. (Moment de silence.) Enfin, voilà mon ouvrage terminé ; dans une heure au plus tard je serai dans les bras de ma bonne mère. Avec quelle impatience elle doit m'attendre ! et mes petites sœurs, comme elles seront contentes de me revoir ! (S'approchant de la fenêtre.) Le beau temps ! pas un nuage, tout semble s'accorder pour me rendre heureuse aujourd'hui ; merci, mon Dieu, pour cette joie qui inonde mon âme! oh! qu'il y a longtemps que je ne l'avais ressentie ! (Regardant la pendule.) Il n'est que six heures ; j'ai encore quelques moments à attendre l'omnibus, tâchons de les mettre à profit : ma grammaire italienne, où est-elle donc?... Ah! voilà, (elle étudie un instant, puis fermant son livre.) Eh bien ! c'est plus fort que moi je ne puis rien apprendre, rien retenir dans ce moment. Je pense à toi, ma bonne mère, toi que je n'ai pas revue depuis si longtemps, toi que je vais embrasser enfin ; oh ! de combien d'humiliations, de combien de souffrances ce seul jour va me dédommager! Ce jour, c'est celui de ta fête, mon bouquet est prêt, il n'est pas de ceux qui brillent un instant et sont flétris le lendemain ; mon bouquet à moi c'est le fruit de mes épargnes, le prix de mes veilles, mon salaire enfin qui va ramener l'aisance dans ta pauvre demeure, et des larmes de joie mouilleront tes yeux, et mes jeunes sœurs m'entoureront de leurs bras caressants, et puis nous déjeunerons ensemble assises à la même table ; nous visiterons ensemble notre petit jardin, notre pré, notre chèvre, et puis nous irons voir ma bonne maîtresse, celle qui m'apprit que le bon Dieu récompensait au centuple, même dans ce monde, le peu de bien que sa grâce nous aide à faire, et elle me dira : « C'est bien, mon enfant, je suis contente de toi. » Puis ce soir nous te prierons ensemble, mon Dieu ! nous te bénirons ensemble, puis nous dormirons sous le même toit et demain.... Demain il faudra venir reprendre ma chaîne, supporter de nouveau des caprices sans nombre, des reproches injustes... Oh! pardon, mon Dieu ! je ne devrais point dire de pareilles choses ! Vous serez avec moi, mon

Dieu ! vous me donnerez la force et la patience qui me sont nécessaires.

SCÈNE IV.

JULIE, THÉRÉSINE.

THÉRÉSINE.

(Elle entre en sautillant et se jette au cou de Julie.)

Bonjour, bonjour, ma bonne.

JULIE, l'embrassant.

Bonjour, ma chère petite, tu t'es levée de bien bonne heure aujourd'hui, qui t'a donc habillée?

THÉRÉSINE, fièrement.

C'est moi, moi toute seule ; ne suis-je pas bien ? dites, ma bonne.

JULIE, l'ajustant un peu.

Pas trop mal, en vérité.

THÉRÉSINE.

Oh! c'est qu'à présent je veux toujours m'habiller seule, comme vous, ma bonne; parce que j'ai six ans passés, et qu'à six ans on est grande fille, n'est-ce pas ?

JULIE.

Avez-vous fait vos prières ? Thérésine.

THÉRÉSINE.

Oui, ma petite bonne, j'ai prié le bon Dieu de me rendre bien sage, afin de ne plus te faire fâcher.

JULIE.

Ni ta sœur non plus, ma Thérésine.

THÉRÉSINE.

Pour ma sœur, c'est autre chose. Quelquefois je suis bien sage et elle me gronde tout de même ; et d'autres fois que je fais la méchante, elle ne me dit rien du tout.

JULIE.

Ce que vous dites là est mal, Thérésine. Madame votre sœur a sans doute des motifs pour en agir ainsi ; ce n'est point aux enfants à juger la conduite de leurs parents.

THÉRÉSINE.

Bien ! comme si mon cousin Victor, qui est grand, grand comme vous, ne disait pas hier au soir encore que ma sœur était dans ses caprices.

JULIE.

Vous aurez mal entendu, Thérésine, ou bien votre cousin plaisantait. Si vous voulez que le bon Dieu vous aime, vous serez bien respectueuse et bien caressante pour votre sœur; aujourd'hui surtout que je ne serai pas là pour vous le rappeler.

THÉRÉSINE.

Comment ! vous ne serez pas là ? et où allez-vous donc ? ma bonne : je ne veux pas que vous me quittiez, moi.

JULIE.

Je ne te quitte pas pour longtemps, ma chère

petite, demain je serai de retour, avant même que tu sois levée.

THÉRÉSINE.

C'est égal, je ne veux pas que vous me laissiez, même pour un jour.

JULIE.

Thérésine, vous n'avez jamais quitté vos parents ; moi, il y a bien longtemps que je n'ai vu les miens. Depuis neuf mois que je suis auprès de vous, ma mère est venue deux fois passer une heure ici, et voilà tout. Aujourd'hui c'est le jour de sa fête ; madame m'a permis d'aller la lui souhaiter, et je suis bien contente, mon enfant.

THÉRÉSINE.

Contente comme moi, quand mon oncle m'apporte des bonbons?

JULIE.

Mille fois plus contente, Thérésine.

THÉRÉSINE.

Emmenez-moi avec vous, je serai bien sage, bien sage ; et je cueillerai toutes les roses de mon jardin pour faire un beau bouquet à votre maman.

JULIE, l'embrassant.

Chère petite ! mais c'est impossible ; votre sœur ne le voudrait pas, car nous sommes de pauvres gens, voyez-vous : dans ma maison il n'y a pas de beaux meubles comme ici ; point de dessert friand comme le vôtre.

THÉRÉSINE.

Cela m'est égal ; menez-moi avec vous, je vous

en prie, ma bonne. (La caressant.) Ma petite bonne, ma gentille petite bonne.

SCÈNE V.

MADAME D'ENREMONT, JULIE, THÉRÉSINE.

Mme D'ENREMONT.

C'est insupportable, je n'ai pas pu dormir cette nuit. Éveillée avant trois heures ! j'en serai malade tout le jour, et cela, parce qu'on avait oublié de fermer mes jalousies. En vérité, Julie, vous ne pensez à rien.

JULIE.

Avant-hier madame me recommanda de les laisser ouvertes, parce qu'elle aime à voir le lever du soleil sans bouger de son lit.

Mme D'ENREMONT.

Avant-hier et hier sont deux choses différentes ; vous ne devinez rien, vous manquez absolument de sagacité, et cependant j'ai bien voulu vous prendre comme institutrice de ma sœur, malgré votre peu de savoir ; il serait donc bien juste que vous me rendissiez quelques services à moi-même pendant que je suis sans femme de chambre.

THÉRÉSINE.

Pourquoi donc, ma sœur, aucune femme de chambre ne veut-elle rester ici ?

Mme D'ENREMONT.

De quoi vous mêlez-vous, Thérésine, au lieu de

venir me souhaiter le bonjour ? c'est fort mal, Mademoiselle.

THÉRÉSINE.

C'est que vous étiez si fort en colère que je n'osais pas.

Mme D'ENREMONT, frappant du pied.

Comment! en colère ? est-ce votre bonne qui vous dit de pareilles choses ? Apprenez, Mademoiselle, que je suis douce, très-douce, et que je ne me mets jamais en colère, entendez-vous ? Julie, avez-vous pensé à mon bonnet ?

JULIE.

Le voici, Madame.

Mme D'ENREMONT.

Oh ! qu'il est gracieux ! vous êtes une bonne fille, Julie ; ce bonnet m'ira à ravir. Approchez un miroir.... Mon Dieu que j'ai l'air abattu ce matin voilà ce que c'est que d'avoir mal dormi. Ces rubans me pâlissent davantage encore ; le bleu, c'est tout simple : pourquoi n'avez-vous pas mis des rubans roses ?

JULIE.

Madame oublie qu'elle m'avait donné elle-même les rubans qu'elle désirait.

Mme D'ENREMONT.

Eh ! mon Dieu ! vous saviez bien qu'il y en avait de roses dans ce tiroir ; qui vous empêchait de les prendre ? mais enfin ce malheur peut se réparer. Vite, mes autres rubans. (Fouillant dans le tiroir.) Les voilà ; comme ils sont jolis : où aviez-vous donc les yeux de choisir ces grands vilains rubans bleus? je vais être charmante ainsi; vite, vite à l'ouvrage.

SCÈNE VI.

Les Précédentes, MADELON.

MADELON.

Mamzelle Julie, j'ai vu l'omnibus de la fenêtre, il sera bientôt à la porte de l'allée.

JULIE.

Oh! mon Dieu! quel bonheur! mon chapeau, mes gants, les voici; ah! courons. (Embrassant Thérésine.) Adieu, chère enfant; Madame, j'ai l'honneur de vous saluer.

Mme D'ENREMONT.

Eh bien! où allez vous donc? et mon bonnet? qui arrangera mon bonnet, Julie?

JULIE.

Oh! Madame, la voiture m'attend; si j'allais la manquer.

Mme D'ENREMONT.

Mais je ne puis mettre ces vilains rubans bleus; vous avez vu vous-même qu'ils me pâlissaient horriblement.

JULIE.

Gardez-les pour un jour seulement, Madame; demain, dès que je serai de retour, je me mettrai à l'ouvrage.

Mme D'ENREMONT.

Je ne veux pas être laide, même pour un jour.

JULIE.

Madame n'est point laide ainsi, et puis, qui empêche madame de se coiffer en cheveux aujourd'hui?

Mme D'ENREMONT.

Non, non, j'ai fait dire à Mme de Maubert que j'étais indisposée ; elle va venir, j'en suis sûre, et je ne puis pas être indisposée et rester tête nue.

JULIE.

Madame a d'autres bonnets.

Mme D'ENREMONT.

Pas un seul qui aille à ma figure.

JULIE.

Oh! Madame! ma mère m'attend; il y a trois mois que vous m'avez promis ce jour de congé, ce seul jour dans l'année entière.

THÉRÉSINE.

Ma sœur, laissez partir ma bonne, je vous en prie; ne voyez-vous pas qu'elle est sur le point de pleurer?

Mme D'ENREMONT.

Mais, en effet, la voilà toute en larmes; vous êtes bien enfant, Julie, de pleurer pour si peu de chose.

MADELON, à part.

Mauvais cœur, va! (Haut.) Venez, mamzelle Julie, la voiture n'attendra pas plus longtemps.

Mme D'ENREMONT.

Mais c'est impossible. Je ne voudrais pas vous

faire de la peine, car je suis bonne, vous le savez bien ; comment faire pour concilier tout cela ?

MADELON, à part.

En voilà de la bonté! (Haut.) C'est, ma foi, bien facile : que madame laisse partir mamzelle et qu'elle garde son bonnet du matin. Madame sait bien qu'elle est toujours jolie.

Mme D'ENREMONT, souan.

Vraiment! mais il y a des choses de convenance. Vous voyez mon embarras, Julie, je voudrais tout arranger pour le mieux ; mais vous devez sentir que... moi avant tout, c'est bien juste. Ah! une idée, n'y a-t-il pas une autre voiture ?

MADELON.

Ah! bien oui : une autre qui ne passe que dans deux heures d'ici.

Mme D'ENREMONT.

Mais c'est à merveille, juste le temps d'arranger mon bonnet. Deux heures de plus ou de moins que vous importe ?

MADELON.

Excusez du peu, deux heures de plus ou de moins sur huit que l'on a de congé par an, sans compter qu'en partant si tard par cette chaleur, mamzelle arrivera à moitié cuite, comme un gigot à l'étouffée. Il faut qu'elle se dépêche bien vite, au contraire.

Mme D'ENREMONT, avec impatience.

Encore! mais je ne suis donc plus maîtresse chez moi.

JULIE, bas à Madelon.

Vous perdez vos paroles, ma bonne Madelon. (Haut.) Donnez-moi votre bonnet, Madame, et puisse le ciel ne jamais vous demander compte de ces deux heures qui vous paraissent si peu de chose.

SCÈNE VII.

Mme D'ENREMONT.

Quel regard de grande dame ! Albertine a raison ; avec sa voix douce et sa physionomie modeste, cette petite fille n'est qu'une orgueilleuse. Ne s'avise-t-elle pas souvent de blâmer ma conduite envers ma sœur, de me donner des avis, à moi ; et cette Madelon, qui plaidait sa cause ! Vraiment, ces gens-là sont drôles ; ils s'imaginent qu'on doit les payer et se sacrifier pour eux encore ; c'est ce qui ne m'arrivera certes point. C'est bien assez de sacrifices comme cela dans ma vie, il est temps que je pense à moi-même ; car enfin, lorsque j'épousai M. d'Enremont, il avait au moins cinquante ans, et moi à peine seize. Il est vrai qu'il me laissait sa fortune ; mais sa fortune n'était pas si considérable que je le croyais ! Et puis, qui pouvait m'assurer qu'il mourrait sitôt ? c'était une chance à courir, et, comme dit Albertine, avec ma figure et mon esprit j'étais toujours sûre de faire un mariage avantageux...... Puis cette petite Thérésine, que ma mère m'a confiée en mourant, c'est encore une charge ; il est vrai qu'elle m'amuse parfois, elle est si drôle, cette petite, quand elle se met à dire des impertinences ; l'autre jour c'était à mourir de rire Eh, bien ! Mlle Julie a trouvé mauvais que je m'amusasse des sottises de cette enfant : On ne doit point s'en servir comme d'un joujou, me disait-elle. Eh ! mon Dieu, ne pourrait-on jamais avoir un instant de plaisir dans ce monde ?.... A quoi passerai-je mon temps aujourd'hui ? Vraiment, l'été est une bien vilaine saison, les journées sont si longues ! Point de bals, point de concerts, c'est à en mourir ! Si je n'avais pas Albertine pour me distraire un peu : encore commence-t-elle à être moins aimable, elle vieillit, son esprit baisse. Ne m'a-t-elle pas soutenu l'autre jour que sa taille était plus mince que la mienne ? Que je m'ennuie !... Essayons de faire un tour de jardin.... Ah ! vous voilà, Julie ?

SCÈNE VIII.

Mme D'ENREMONT, JULIE.

JULIE.

Voici votre bonnet, je pars maintenant.

Mme D'ENREMONT.

Vous partez : mais comment ?

JULIE.

A pied, Madame.

Mme D'ENREMONT.

A pied, par la chaleur qu'il fait, et toute seule encore !

JULIE.

C'est le moyen d'arriver une heure plus tôt.

Mme D'ENREMONT, froidement.

Faites comme vous l'entendrez. (Examinant le bonnet.)

Voilà un nœud de ruban qui pourrait être mieux placé. Asseyez-vous là, et mettez-y un point, c'est l'affaire d'un instant... Mais quel est ce bruit? c'est une voiture qui entre dans la cour. (Elle regarde à la fenêtre.) Madame de Maubert; tant mieux, cela va me distraire. Vite, Julie, avancez-moi cette causeuse. (Elle s'étend à demi.) Rangez mon peignoir de manière à ce que les plis tombent gracieusement...,. bien ainsi.

UN DOMESTIQUE, annonçant.

Madame de Maubert.

SCÈNE IX.

Mme D'ENREMONT, Mme DE MAUBERT, JULIE.

Mme D'ENREMONT, se soulevant à demi.

Quoi, c'est vous, ma chère Albertine; que vous êtes bonne de venir me surprendre ainsi : pardon si je ne me suis point levée pour vous recevoir; je suis si faible !

Mme DE MAUBERT, l'embrassant.

Restez, restez, mon amour, j'ai reçu votre billet, il y a moins d'une heure, et me voici.

Mme D'ENREMONT.

Comme c'est aimable à vous !

Mme DE MAUBERT.

Oh! ce n'est pas pour rien qu'on est amie intime; puis, j'avais tant de choses à vous dire. (Baissant la voix.) Mais d'abord renvoyez cette fille, elle est toujours là comme pour nous épier. (A Julie.) Mademoiselle, ayez la bonté d'aller voir ce qui se passe dans la chambre de madame, je viens d'y entendre du bruit.

Mme D'ENREMONT.

Allez, Julie, je vous donne congé pour tout le jour.

SCÈNE X.

Mme D'ENREMONT, Mme DE MAUBERT.

Mme DE MAUBERT.

Savez-vous, chère Suzanne, qu'il y a de la coquetterie de votre part à être malade ; vous êtes jolie comme un ange aujourd'hui ; je ne vous avais jamais vue si bien.

Mme D'ENREMONT.

Vraiment, vous croyez ?

Mme DE MAUBERT.

Vous êtes ravissante.

Mme D'ENREMONT.

Vous me flattez, Albertine.

Mme DE MAUBERT.

Non, ma parole d'honneur. Quel dommage que tant de jeunesse et d'attraits soient relégués dans un vieux château, à soixante lieues de Paris !

Mme D'ENREMONT.

C'est ce que je me dis souvent à moi-même.

Mme DE MAUBERT.

Pauvre jeune femme ! vous êtes si belle au bal !

Vous rappelez-vous ces fêtes que vous donnâtes l'an dernier? Comme vous étiez admirée, comme on s'empressait autour de vous! c'est que je m'y entends à ordonner des fêtes : on n'a pas été à la cour pour rien.

Mme D'ENREMONT.

Cela est vrai ; mais dans un seul hiver j'ai mangé plus de la moitié de ma fortune, et je me suis vue réduite à diminuer mon train.

Mme DE MAUBERT.

La moitié de votre fortune! vous exagérez, Suzanie, et puis n'aurez-vous point tout le bien de votre tante? un million et plus! Comme les hommes étaient heureux d'un de vos souvenirs! et les femmes! elles en séchaient de dépit.

Mme D'ENREMONT.

Oui ; l'on m'entourait alors, et maintenant, depuis trois mois que je suis ici, j'y vis seule et délaissée.

Mme DE MAUBERT

Vraiment! ce n'est pas à moi que vous ferez un pareil reproche.

Mme D'ENREMONT.

Oh! cela est vrai, vous êtes une bonne amie, e je suis heureuse que votre terre soit près de la mienne.... Mais savez-vous que, quand je parlais de la moitié de ma fortune, je ne disais peut-être point assez !

Mme DE MAUBERT.

Je suis plus heureuse que vous de ce voisinage

mais il est un homme qui donnerait tout ce qu'il possède pour être à ma place.

Mme D'ENREMONT.

Qui donc?

Mme DE MAUBERT.

Pouvez-vous le demander ? Suzanie.

Mme D'ENREMONT, froidement.

Votre frère, le baron d'Arniset?

Mme DE MAUBERT.

Oui, mon frère, qui gémit d'être retenu loin de vous par ces vilaines affaires qui n'en finissent pas ; et en vérité, mon amour, je crois que je soupire presque autant que vous après ce moment qui me permettra de vous appeler du nom de sœur.... Ma sœur ! comme ce sera doux à entendre de votre bouche, Suzanie ; oh ! j'espère que bientôt...

Mme D'ENREMONT, avec embarras.

Mais vous savez qu'il n'y a encore rien de positif : nous ne nous sommes jamais vus, monsieur votre frère et moi ; et il se pourrait.... Si j'allais ne pas lui convenir?

Mme DE MAUBERT.

Eh ! qui pourrait vous connaître et ne pas vous adorer? Si vous ne craignez que cela...

Mme D'ENREMONT.

Tenez, ma chère, à vous parler franchement, il court des bruits étranges sur le compte de votre frère.

Mme DE MAUBERT, à part.

Ah! mon Dieu! saurait-elle la vérité! (Haut.) Je ne crois pas qu'on puisse rien dire de désavantageux sur le cavalier de France le plus accompli. D'ailleurs vous avez vu son portrait.

Mme D'ENREMONT.

Oui, un bel homme, s'il faut en juger par ce médaillon que vous me montrâtes l'autre jour, mais criblé de dettes, dit-on, et qui ne serait pas fâché de réparer par un bon mariage ses fredaines de jeunesse.

Mme DE MAUBERT, bas.

Je respire, elle ne sait pas tout. (Haut.) Calomnie, ma chère, pure calomnie, cela ne m'étonne pas, le bonheur de vous obtenir doit faire tant de jaloux! mais nous saurons démasquer tous ses détracteurs, et vous serez baronne d'Arniset envers et contre tous. Vous aurez un hôtel à Paris, et vous serez présentée à la cour.

Mme D'ENREMONT.

Vraiment, vous êtes sûre que je pourrai être présentée?

Mme DE MAUBERT.

Sans doute. (A part.) Rien n'est encore perdu.

SCÈNE XI.

Les Précédentes, MADELON

MADELON.

Voilà le journal de madame.

Mme D'ENREMONT, à madame de Maubert.

C'est le *Journal des modes*, nous allons d'abord voir la gravure.

MADELON.

Il y a aussi deux lettres pour madame.

Mme D'ENREMONT.

C'est bien, posez-les là.

SCÈNE XII.

Mme D'ENREMONT, Mme DE MAUBERT.

Mme D'ENREMONT, regardant la gravure.

Les manches sont trop larges, cette forme de corsage n'est pas gracieuse.

Mme DE MAUBERT.

Vous n'ouvrez pas vos lettres?

Mme D'ENREMONT.

Ah! je n'y pensais plus. (Elle ouvre une lettre; Mme de Maubert feuillette le journal.)

Mme D'ENREMONT, avec un grand cri.

Ah!... (La lettre lui tombe des mains.)

Mme DE MAUBERT.

Eh bien! qu'y a-t-il? qu'avez-vous? ma chère amie.

Mme D'ENREMONT.

Albertine, je suis ruinée, ruinée, vous dis-je: mes créanciers ne veulent plus attendre.

Mme DE MAUBERT.

C'est impossible, que vous écrit-on? De qui est cette lettre?

Mme D'ENREMONT.

De mon homme d'affaires; lisez-la tout entière, je n'en ai pas la force.

Mme DE MAUBERT, après avoir lu.

Mais, il vous fait une proposition qui me paraît avantageuse.

Mme D'ENREMONT.

Laquelle? parlez, de grâce.

Mme DE MAUBERT.

Il offre de payer toutes vos dettes à condition que vous lui céderez le château.

Mme D'ENREMONT.

Le bourreau! Eh! le puis-je? n'est-ce pas le moyen de prévenir ma tante contre moi, de me faire déshériter peut-être?

Mme DE MAUBERT.

Vous avez raison; il faut trouver une autre ressource. (A part.) Maudite lettre! ce diable d'homme ne m'a pas comprise.

Mme D'ENREMONT.

Albertine, ce Vilmont m'a trompée; c'est pourtant d'après votre recommandation que je m'étais fiée à lui.

Mme DE MAUBERT.

Non, non, Vilmont est un honnête homme, j'en

réponds comme de moi, je vais lui écrire. Ne pouvez-vous disposer d'aucune somme ?

Mme D'ENREMONT.

Toutes mes ressources sont épuisées, grâce à vous, Madame.

Mme DE MAUBERT.

Vous êtes une ingrate, Suzanie ; mais je vous pardonne, parce que, dans l'état où vous êtes, vous ne savez ce que vous dites. Et ces trente mille francs que vous avez sur le grand-livre ?

Mme D'ENREMONT.

Ils ne m'appartiennent point, c'est la dot de Thérésine, tout son avoir.

Mme DE MAUBERT.

N'êtes-vous pas sa tutrice ?

Mme D'ENREMONT.

Est-ce une raison pour m'emparer de son bien ?

Mme DE MAUBERT.

Non ; mais pour lui emprunter cette somme, que vous lui rendrez ensuite.

Mme D'ENREMONT.

Elle ne suffirait pas pour payer la moitié de mes dettes.

Mme DE MAUBERT.

Eh bien ! vous la donnez comme à-compte et vous gardez le château ; j'arrangerai tout cela avec Vilmont.

Mᵐᵉ D'ENREMONT.

Oh! ce serait trop mal, je ne consentirai jamais.

Mᵐᵉ DE MAUBERT.

Aimez-vous mieux céder le château? Mais cette seconde lettre, vons ne la lisez donc pas?

Mᵐᵉ D'ENREMONT.

Ah! donnez. (Rompant le cachet.) Elle est de ma tante; que va-t-elle m'annoncer? il y a longtemps que je n'avais reçu de ses nouvelles. (Parcourant rapidement.) Ah! mon Dieu! que d'émotions à la fois! ma tante, elle arrive aujourd'hui, ce soir même, entendez-vous?

Mᵐᵉ DE MAUBERT.

Est-il possible?

Mᵐᵉ D'ENREMONT.

Rien de plus certain. Cette lettre aurait dû me parvenir il y a quinze jours. Maudit retard! rien de préparé pour la recevoir; elle va me trouver d'une négligence, d'une froideur; et ces créanciers qui veulent me poursuivre!... Si elle allait savoir..... Ah! cette journée me tue.

Mᵐᵉ DE MAUBERT.

Oui, les créanciers, c'est le plus pressant; il faut les apaiser avant tout. Donnez-moi seulement les coupons de ces trente mille francs; c'est bien peu, sans doute; mais j'ai quelques économies, j'ai des bijoux, je les engagerai, je les vendrai, s'il le faut : tout ce que je possède est à votre service.

Mme D'ENREMONT, l'embrassant.

Ah ! vous êtes une véritable amie.

Mme DE MAUBERT.

Pouvez-vous en douter ! je voudrais seulement avoir assez pour vous tirer seule d'embarras, mais c'est impossible sans ces trente mille francs; donnez-les, ma chère, le temps presse, il faut que j'écrive avant l'arrivée de la tante.

Mme D'ENREMONT, allant à son secrétaire.

Les voilà : 20,000 fr, sur la banque de France, et 10,000 sur celle de Naples.

Mme DE MAUBERT, à part.

C'est toujours cela de certain. (Haut.) Voilà qui est entendu.

Mme D'ENREMONT.

Oh ! je tremble. Ce que je fais est bien mal, Albertine ; disposer de la dot de ma sœur !

Mme DE MAUBERT.

Quel enfantillage ! Dans quelque temps vous rendrez tout, capital et intérêts, c'est un placement comme un autre. Il s'agit maintenant de recevoir votre tante, de la gagner, de la subjuguer. On dit que la chère femme se meurt; raison de plus pour hâter le testament; il faut qu'elle raffole de vous, qu'elle vous déclare son héritière, qu'elle aille se reposer dans le sein du Seigneur ; et après le deuil obligé, le mariage, la présentation à la cour, le bonheur enfin. Maintenant appelez tous vos gens : il faut préparer un festin, une fête aussi brillante que possible pour le peu de temps que nous avons devant nous ; mais dépêchez-vous, ma chère.

Mme D'ENREMONT.

De grâce, laissez-moi respirer, ma pauvre tête se perd ; je ne sais plus ce que je veux ; je suis en colère contre moi, contre vous, contre tout le monde. Oh ! que dirait ma pauvre mère, si elle savait ce que je viens de faire là, elle qui, à son lit de mort, m'a vivement recommandé sa chère Thérésine !

Mme DE MAUBERT, à part.

Pas la moindre énergie, incapable à elle seule de vertus et de vices. (Haut.) Il s'agit bien de remords maintenant ! Allons, je vois bien que vous êtes trop souffrante pour agir vous-même, je me charge de tout disposer, vous ne penserez qu'à votre toilette.

Mme D'ENREMONT.

Ah ! oui, ma toilette.

Mme DE MAUBERT.

Une élégante simplicité ;.... le luxe est ici hors de saison. Appelez votre femme de chambre.

Mme D'ENREMONT.

Vous avez raison. Julie, Julie ! (Elle sonne.)

SCÈNE XII.

LES PRÉCÉDENTES, MADELON.

MADELON.

Que veut madame ?

Mme D'ENREMONT.

J'ai appelé Julie.

MADELON.

Madame sait bien que mamzelle Julie n'est pas au château : elle est partie pour aller voir sa mère.

Mme D'ENREMONT.

Comment ! elle est partie ? et cela au moment où j'avais besoin d'elle : A quoi sert donc de payer des gens pour être servie ?

MADELON.

Mais, puisque madame le lui avait permis.

Mme D'ENREMONT.

Permis ! Eh ! savais-je qu'elle me serait nécessaire aujourd'hui ? Oh ! c'est une fille sans cœur, une égoïste qui ne pense qu'à elle, une hypocrite, une orgueilleuse,... que sais-je ? Je ne veux plus la voir, je la chasse ; qu'elle ne reparaisse pas devant moi ; dites-lui bien cela, Madelon.

MADELON.

Certainement, je le lui dirai. (A part.) Comme ça elle ira chez ma vieille dame, et moi aussi peut-être, suffit....

Mme DE MAUBERT.

Allons, calmez-vous ; ma chère, je serai moi-même votre femme de chambre. Venez, rapportez-vous-en à moi.

Mme D'ENREMONT.

Ah ! vous êtes ma seule amie.

FIN DU PREMIER ACTE.

ACTE DEUXIÈME.

SCÈNE PREMIÈRE.
Mme BRANDOT, ADÈLE, MINA.

Mme BRANDOT.

Enfin, nous voici arrivées, je n'en puis plus.

ADÈLE.

Je vous avais bien dit que cette course était au-dessus de vos forces. (Avançant une chaise.) Asseyez-vous donc vite, ma pauvre maman.

Mme BRANDOT.

Où est donc Julie ? c'est dans ce salon que nous l'avons trouvée toutes les fois que nous sommes venues la voir. Oh ! mes craintes n'étaient que trop fondées, ma pauvre enfant est malade.

ADÈLE.

Mais, maman, ma sœur peut être occupée dans la maison.

Mme BRANDOT.

Crois-tu que si elle avait eu la force, elle aurait manqué de venir ce matin comme elle me l'avait promis ? Elle avait la permission depuis longtemps, et, si son service l'en eût empêchée, elle me l'aurait écrit hier au soir.

ADÈLE.

On vous aurait écrit aussi si elle était malade.

Mme BRANDOT.

Non, je connais Julie, l'appréhension de me faire de la peine l'aura retenue ou peut-être même est-elle trop malade... (Pleurant.) Ah ! mon Dieu, quand je la vis il a trois mois je la trouvai pâle et triste. Je lui dis : Tu souffres, ma fille. — Non, ma bonne mère, répondit-elle tristement. — Si tu n'es pas heureuse ici, lui dis-je, retourne auprès de nous. — Je dois rester chez Mme d'Enremont puisque je m'y suis engagée, reprit-elle, et me regardant avec des yeux pleins de larmes, mon seul chagrin est d'être éloignée de vous. Et j'eus la bonhomie de le croire, simple que j'étais ! Je serai peut-être la cause de la mort de mon enfant.

MINA.

Ne pleure donc pas, maman ; autrement je vais pleurer aussi, moi.

ADÈLE.

Allons, calme toi, pauvre mère, nous allons revoir ma sœur.

Mme BRANDOT.

Où est-elle? Personne ici ! Il faut courir, nous informer.

ADÈLE.

Appuie-toi sur moi, mère, tu peux à peine te soutenir.

2.

Mme BRANDOT.

Reste ici, Mina, si Julie venait, tu nous appellerais bien vite.

MINA.

Oui, maman.

SCÈNE II.

MINA.

Moi, je voudrais que ma sœur vînt par ici, parce que je serais la première à l'embrasser. (Regardant autour d'elle.) Quelle grande chambre! les jolis meubles! Julie est bien heureuse d'habiter une si belle maison. Quand je serai grande, je serai peut-être dans une belle maison comme celle-là; mais je n'ai pas envie d'être grande, s'il me faut alors quitter maman. (Apercevant des joujoux sur une table.) Oh! le beau cheval, la jolie poupée, et ces petits moutons, sont-ils donc gentils! (Elle regarde avec admiration.)

SCÈNE III.

MINA, THÉRÉSINE, entrant par la porte opposée.

THÉRÉSINE.

Mon Dieu, que je m'ennuie aujourd'hui que ma bonne n'est pas là! J'ai cru que ce serait amusant de jouer tout un jour; ah! bien oui! je ne m'amuse pas du tout. Madelon me renvoie, François ne fait que courir, je ne sais ce qu'ils ont tous.

JULIE.

MINA, avec un cri de joie.

Ah! la belle petite poupée! je ne l'avais pas encore vue.

THÉRÉSINE

Tiens! quelle est cette petite fille aussi grande que moi? Quel bonheur! nous allons jouer ensemble.

MINA, voyant Thérésine, quitte la poupée qu'elle tenait dans les mains.

Ah! mon Dieu, Mademoiselle, je vous assure que je ne l'ai point gâtée du tout.

THÉRÉSINE.

Comment t'appele-t-on?

MINA, timidement.

Mina, Mademoiselle.

THÉRÉSINE.

Mina? moi, je me nomme Thérésine. Veux-tu jouer avec moi?

MINA.

Bien volontiers.

THÉRÉSINE.

Oh! que je suis contente que tu sois venue; c'est que ma bonne n'est pas là, vois-tu, et je m'ennuyais! oh! je m'ennuyais!

MINA.

Ce n'est donc pas à vous tous ces beaux joujoux-là?

THÉRÉSINE.

Ah! bien oui, ces joujoux, beau plaisir! il y a cent

ans que je les ai; ma sœur me les a donnés le jour de sa fête, c'est toujours la même chose : je voulais les casser pour voir ce qu'il y a dedans : ma bonne n'a pas voulu.

MINA.

Moi, si j'avais de si beaux joujoux, je me lèverais avant le jour pour m'en amuser plus longtemps.

THÉRÉSINE.

Prends-les donc, ils sont à toi.

MINA.

Vraiment, vous me les donnez ! Quel bonheur ! mais non, maman ne voudrait pas.

THÉRÉSINE.

Si, si, elle voudra; prends, te dis-je.

MINA.

Non pas, sans la permission de maman.

THÉRÉSINE.

Prends-les, je le veux ; autrement je me mets en colère, alors ma bonne me grondera et tu en seras cause.

MINA.

Alors, pour que vous ne soyez pas grondée, j'accepte.

THÉRÉSINE.

A présent à quel jeu jouons-nous?

MINA.

Jouons à la poupée.

THÉRÉSINE.

Non, c'est trop sérieux.

MINA.

A pigeon vole.

THÉRÉSINE.

C'est un jeu trop tranquille. Ah! une bonne idée! nous allons jouer à la dame, je suis la maîtresse et toi la femme de chambre. (S'étendant à demi sur la causeuse.) Annette !.... Eh bien ! pourquoi ne viens-tu pas?

MINA.

Mais je m'appelle Mina et non pas Annette.

THÉRÉSINE.

Dans le jeu tu t'appelles Annette. Annette, venez lacer mes brodequins, vous me coifferez ensuite.

MINA.

Mais c'est que je ne saurai pas vous coiffer, moi.

THÉRÉSINE.

Comment, vous ne saurez pas me coiffer? vous êtes une maladroite, une impertinente ; allez-vous-en ; je ne veux plus vous voir.

MINA, pleurant.

Eh! mon Dieu, où voulez-vous que j'aille ? Maman m'a dit de l'attendre ici. Vous qui m'aviez paru si gentille !

THÉRÉSINE.

Mais c'est qu'elle pleure tout de bon. (L'embrassant.) C'était pour rire, ma chère petite Mina ; je t'aime de tout mon cœur. Tiens, je ferai tout que ce que tu voudras ; je jouerai à pigeon vole, à la poupée ; mais ne pleure plus. Veux-tu que je te chante une jolie chanson que ma bonne m'a apprise. (Elle chante.)

Là-bas dans la prairie,
En tournant son fuseau,
La petite Marie
Aperçut un oiseau.

MINA chantant le refrain avec THÉRÉSINE.

Oh ! n'allez pas, jeunes fillettes,
Courir le soir toutes seulettes ;
Vous savez bien que maintes fois
Les loups sortent des bois.

THÉRÉSINE.

Ah ! tu sais ma chanson ? c'est charmant.

La bergère s'élance
Après le passereau,
Et le suit en silence
Le long d'un clair ruisseau.

TOUTES DEUX.

Oh ! n'allez pas, jeunes fillettes,
Courir le soir toutes seulettes ;
Vous savez bien que maintes fois
Les loups sortent des bois.

THÉRÉSINE.

En des détours sans nombre
L'oiselet l'entraîna,
Puis la nuit devint sombre,
Le tonnerre éclata.

TOUTES DEUX.

Oh ! n'allez pas, jeunes fillettes :
Courir le soir toutes seulettes ;
Vous savez bien que maintes fois
Les loups sortent des bois.

SCÈNE IV.

Les Précédentes, Mme BRANDOT, ADÈLE.

Mme BRANDOT, avant de paraître.

Personne ! ne rencontrer personne que je puisse interroger.

THÉRÉSINE.

J'entends quelqu'un, ma sœur est là sans doute ; elle est aujourd'hui dans ses humeurs noires. Viens, Mina, sauvons-nous dans le jardin. (Elles sortent par une porte opposée en courant et se tenant par la main.)

SCÈNE V.

Mme BRANDOT, ADÈLE.

Mme BRANDOT.

Ce silence redouble mes craintes ; ma fille, un grand malheur nous menace.

ADÈLE.

Mais non, maman, tu t'alarmes sans motif, je t'assure ; nous avons parcouru trois ou quatre pièces sans rencontrer personne ; les domestiques sont sans doute occupés ailleurs, c'est la chose du monde la plus naturelle.

Mme BRANDOT.

Dieu le veuille, mon enfant. Je ne puis plus me soutenir. (Elle s'assied.) Tu iras voir de ce côté, Adèle.

ADÈLE.

Oui, maman, sois tranquille

SCÈNE VI.

Les Précedentes, Mme D'ENREMONT, Mme DE MAUBERT.

Mme DE MAUBERT.

Cette pièce est plus grande que votre salon, elle est plus convenable à notre projet.

Mme BRANDOT.

Oh ! Madame, veuillez me donner de ses nouvelles.

Mme D'ENREMONT.

Quelle est cette femme ?

Mme DE MAUBERT.

Quoi ! une étrangère qui s'introduit ainsi chez vous ! Mais ce n'est pas prudent de laisser ses portes ouvertes à tout le monde.

ADÈLE.

Nous ne sommes pas tout le monde, Madame, et ce n'est pas la première fois que nous venons ici pour voir ma sœur.

Mme BRANDOT.

Si elle est malade, de grâce faites-moi conduire auprès d'elle, je suis sa mère, c'est à moi de la soigner, ma pauvre Julie !

Mme D'ENREMONT

Ah ! la mère de Julie ! je croyais votre fille chez vous, et pour longtemps, car je l'ai chassée ce matin.

Mme BRANDOT.

Chassée, ma Julie !

Mme DE MAUBERT, à madame d'Enremont.

Je vous disais bien que cette fille est un mauvais sujet. Au lieu de se rendre chez sa mère, mamzelle court les champs. Allons, venez vite donner un coup d'œil à nos jeunes filles.

Mme BRANDOT.

Depuis combien de temps est-elle partie, Madame ?

Mme D'ENREMONT.

Eh ! le sais-je ? croyez-vous que je me rappelle cela au juste ?

Mme BRANDOT.

Pour quel motif....

Mme D'ENREMONT.

Vous me demandez pour quel motif ? est-ce qu'il m'en manquait, des motifs ?

Mme DE MAUBERT.

Venez donc, nous n'avons pas de temps à perdre.

Mme BRANDOT.

Oh ! de grâce, Madame, un mot, un seul mot à une pauvre mère qui vous le demande à genoux. Pourquoi avez-vous renvoyé ma fille ?

Mme D'ENREMONT.

Vous voulez le savoir ? Parce que c'est une coureuse, qui n'était jamais là quand j'avais besoin d'elle, une hypocrite, une orgueilleuse, que sais-je ? un mauvais sujet enfin.

SCÈNE VII.

Mme BRANDOT, ADÈLE.

Mme BRANDOT.

Je me meurs !....

ADÈLE, la secourant.

Maman, maman, ne crois pas cette femme ! Elle ment, j'en suis sûre.

Mme BRANDOT.

Julie, un mauvais sujet !

ADÈLE.

C'est impossible. Ne sais-tu pas combien elle est bonne, douce, prévenante ; combien elle t'aime enfin ?

Mme BRANDOT.

Oui, ma Julie, mon orgueil et ma joie, celle qui me sauva la vie par des soins assidus ! celle qui vous tient lieu de mère à toutes deux ! tu as raison, c'est impossible.

ADÈLE.

Je te le disais bien.

Mme BRANDOT.

Et cependant elle la dit une coureuse, une hypocrite ! Oh ! Adèle, Adèle, pourrait-on se servir légèrement de pareils termes en parlant à une mère?

ADÈLE.

Cette dame m'a toujours paru méchante.

Mme BRANDOT.

En effet.... mais pourquoi Julie n'est-elle point retournée chez nous ?.... malheureuse que je suis !.... je ne le vois que trop, ma fille n'est plus la même ; de mauvais exemples, de mauvais conseils peut-être ! Oh ! j'aurais dû le prévoir !.. si jeune, livrée à elle-même, sans une mère pour lui tracer la bonne route, sans une voix amie pour l'y rappeler au besoin ! Oh ! c'est moi qui suis coupable ! Pourquoi ai-je permis qu'elle quittât la maison paternelle ? Ne valait-il pas mieux manger ensemble du pain noir que d'acheter si cher un peu d'aisance ? Oh ! mon Dieu ! mon Dieu ! rendez-moi mon enfant, mon enfant que vous m'aviez faite si pure, si vertueuse ; que seule j'aie à souffrir des fautes qu'elle peut avoir commises ; punissez-moi mon Dieu, mais épargnez ma fille... Viens, Adèle, allons chercher ta sœur.

ADÈLE.

Vous ne pourriez marcher dans l'état où vous vous trouvez, et d'ailleurs où irions-nous ? Laissez-moi prendre quelques renseignements, interroger les domestiques ; peut-être seront-ils plus humains.

SCÈNE VIII.

Les Précédentes, MADELON.

MADELON.

C'est la mère Brandot ! Bonjour, chère madame : quel bon vent vous amène donc à présent que mamzelle Julie est partie ?

Mme BRANDOT.

Où est-elle ? où est-elle ? le savez-vous, Madelon ?

MADELON.

Est-ce qu'elle n'est pas allée chez vous ?

Mme BRANDOT, à part.

Qu'ai-je fait ? j'aurais dû cacher.... Oh ! que je souffre !

ADÈLE.

Elle va se trouver mal.

MADELON, la soutenant.

Eh bien ! qu'est-ce donc que ça, maman Brandot, le cœur vous manque ?

ADÈLE.

Ma mère est très-fatiguée d'être venue à pied ; ajoutez à cela qu'elle était déjà malade.

MADELON.

Chut ! j'entends une voiture qui entre dans la cour, c'est la dame qui arrive, vous ne pouvez rester ici. Mamzelle Adèle, dans ce corridor à droite vous trouverez une porte, en voici la clef ;

c'est ma chambre, couchez votre maman sur mon lit, dans un instant je suis à vous.

SCÈNE IX.

MADELON, s'approchant de la fenêtre.

Ah ! la tante descend de voiture ; voilà madame qui l'embrasse.... Mais qu'a-t-elle donc la tante, elle pleure, on dirait qu'elle va se trouver mal.... Voilà une vieille qui la soutient, c'est sa femme de chambre peut-être, elles montent ici ;... je vais trouver cette pauvre Mme Brandot ; mais je peux bien attendre qu'elles soient entrées pour les voir de plus près.

SCÈNE X.

MADAME LA VICOMTESSE DE BEAUVOIR, Mme D'ENREMONT, Mme DE MAUBERT, CATHERINE, UNE TROUPE DE JEUNES PAYSANNES, MADELON.
(Elle sort un instant après.)

Mme D'ENREMONT, donnant le bras à la vicomtesse.

Appuyez-vous sur moi, ma chère tante.

CHŒUR DE JEUNES FILLES

> Aux doux transports de l'allégresse
> Livrons nos cœurs en ce beau jour,
> Et de notre bonne maîtresse
> Chantons, célébrons le retour.
> Pour nous que sa vue a de charmes !
> Le ciel la rend à notre amour ;
> Son départ fit couler nos larmes
> Chantons, célébrons son retour.

LA VICOMTESSE

Merci, merci, mes enfants, demain je vous exprimerai mieux ma reconnaissance.

(Sur un signe de Mme d'Enremont les jeunes paysannes s'éloignent.)

SCÈNE XI.

La VICOMTESSE, Mme D'ENREMONT, Mme DE MAUBERT, CATHERINE.

LA VICOMTESSE.

Oh! ces chants de joie dans ce lieu de deuil, où je ne retrouve aucun de ceux que j'aimais, ces mille souvenirs qui se pressent dans mon âme achevent de briser mon pauvre corps, je ne suis plus assez forte pour soutenir de pareilles émotions. (Elle pleure.)

Mme D'ENREMONT.

Ma chère tante, quelques distractions, mes soins assidus vous feront oublier vos chagrins.

LA VICOMTESSE.

Oublier..... jamais..... Ma chère nièce, j'étais jeune comme vous lorsque je quittai ce château, où ma vie entière s'était écoulée heureuse, entre un père chéri et la meilleure des mères : ce fut là ma première douleur. Je regrettais mes parents, je regrettais mon neveu, ce cher d'Enremont, le compagnon de ma jeunesse ; car je n'avais que trois ans de plus que lui, et nous avions mis tout en commun, peines et plaisirs. Je suivis mon mari qui allait recueillir sa fortune à l'île Bourbon ; notre voyage ne devait pas durer plus d'un an. Qui m'aurait dit alors que je passerais presque toute ma vie outre-mer, que je reviendrais seule et ne retrouverais ici aucun de ceux que j'avais aimés. Que la volonté de Dieu soit faite ! mais celui qui m'aurait prédit pareilles choses m'aurait épargné bien des douleurs, il m'aurait donné subitement cette mort qui m'a frappée tant de fois dans ceux que j'aimais, et à qui je demande depuis longtemps le coup de grâce ; ah ! ma nièce, puissiez-vous ne jamais connaître de pareils tourments ; mais que dis-je, insensée que je suis, le malheur ne vous a-t-il pas frappée aussi ? Vous si jeune et si belle, ne venez-vous pas de perdre le meilleur des époux, ce cher d'Enremont. Oh ! mon enfant, confondons ensemble nos larmes et nos regrets...... (Après une pause, regardant Mme d'Enremont.) Eh ! quoi, Madame, vous avez déjà quitté le deuil !

Mme D'ENREMONT.

Il y a dix-huit mois qu'il est mort, et vous savez qu'à Paris il est d'usage....

Mme DE MAUBERT, l'interrompant.

Oui, Madame, la joie de votre arrivée a dû faire cesser un deuil que madame d'Enremont s'obstinait à porter malgré l'usage de Paris dont elle vous parlait tout à l'heure. En apprenant ce matin l'heureuse nouvelle de votre retour, j'ai observé à ma chère Suzanie qu'il n'était pas convenable de vous recevoir en habits lugubres, elle a cédé à mes observations, et....

SCÈNE XII

Les Précédentes, JULIE.

JULIE.

Oh ! Madame, pardonnez-moi de vous interrompre. Je suis tellement bouleversée ! On vient de me dire que vous me renvoyez.... Cela n'est pas possible.

Mme D'ENREMONT.

On vous a dit vrai, et je vous trouve bien impertinente de venir me faire une pareille scène. Allez-vous-en et ne paraissez jamais devant moi,

JULIE.

Mais, pour l'amour du ciel ! dites-moi ce que j'ai fait de mal ?

Mme D'ENREMONT.

Où étiez-vous ce matin, Mademoiselle, lorsque je vous ai demandée ?

JULIE.

Mon Dieu ! madame sait bien qu'elle m'avait donné la permission d'aller voir ma mère.

Mme D'ENREMONT.

Mais vous n'y avez pas même paru chez votre mère, puisqu'elle est venue vous chercher ici. Allez, vous êtes une malheureuse.

Mme DE MAUBERT.

Vous avez raison, mon amie, on doit être sévère sur la morale, et j'admire votre bon sens.

LA VICOMTESSE.

Eh ! mon Dieu, Madame, cette jeune fille ne paraît pas bien coupable, une étourderie peut-être.

JULIE.

Je n'ai pas trouvé ma mère chez elle lorsque j'y suis arrivée. Vous m'aviez retenue si longtemps qu'elle aura été en peine, et sera venue me chercher. Il y a deux chemins, nous nous serons croisées en route.

LA VICOMTESSE.

Voilà une explication qui me paraît naturelle.

Mme D'ENREMONT.

O ma tante, vous ne la connaissez pas. (A Julie.) Vous savez que je ne reviens jamais sur une détermination prise. Allez.

JULIE.

Il est donc vrai ! Vous me chassez, je ne verrai plus ma petite Thérésine ! Et que va-t-on penser de moi dans le pays en me voyant renvoyée subitement avant la fin de l'année ? Songez-y, Madame ! vous allez nuire à ma réputation, et c'est le seul bien qui me reste. Je ne pourrais plus soutenir ma mère ni mes sœurs. Oh ! Madame, je vous en conjure, jusqu'à la fin de l'année seulement.

LA VICOMTESSE.

Ma nièce, pour l'amour de moi, accordez à cette jeune fille ce qu'elle vous demande.

Mme D'ENREMONT, à part.

Quel ennui ! Je ne suis plus maîtresse chez moi.

(Haut.) Je n'ai rien à vous refuser, ma tante, vos volontés sont les miennes ; Julie, remerciez la vicomtesse de Beauvoir.

JULIE.

Madame la vicomtesse de Beauvoir ! Ange de bonté ! Ma mère avait bien raison de le dire. Depuis que je suis au monde, nous prions Dieu pour vous tous les jours. Madame, maintenant mes prières seront encore plus ferventes, c'est la seule reconnaissance permise à une pauvre fille comme moi.

LA VICOMTESSE.

Qui êtes-vous, Mademoiselle ? je croyais vous voir pour la première fois.

JULIE.

Avez-vous oublié la pauvre Sophie que vous protégeâtes contre l'injuste oppression de son oncle, votre intendant, et à qui vous fîtes épouser monsieur Brandot.

LA VICOMTESSE.

Et vous seriez....

JULIE.

Leur fille, Madame. Tant que mon pauvre père a vécu, il n'a cessé de vous bénir, et ma mère sera bien heureuse quand elle apprendra votre retour.

LA VICOMTESSE.

Et moi bien contente de la revoir ; mais ce que le fis pour elle était un devoir de ma part, et puisqu'elle s'en souvient encore, sa reconnaissance vaut mieux que le bienfait. Soyez béni, mon Dieu !

Je retrouverai donc dans ce pays quelques personnes qui se rappellent de moi. (Elle paraît rêver, la tête appuyée dans ses mains.)

CATHERINE.

Madame a besoin de repos.

LA VICOMTESSE.

Nous verrons cela tout à l'heure.

CATHERINE.

Oh! non, tout de suite. Madame souffre, j'en suis sûre. (A Mme d'Enremont.) Voyez comme elle est pâle.

Mme D'ENREMONT.

Votre appartement est préparé, ma tante; voulez-vous que je vous y conduise?

LA VICOMTESSE.

Merci, je souffre un peu, mais j'y suis habituée. Quelques moments suffiront pour me remettre.

Mme D'ENREMONT.

Eh! bien, nous allons vous laisser libre, ma chère tante, j'espère que votre indisposition ne sera pas de durée. Venez avec nous, Julie!

FIN DU DEUXIÈME ACTE.

ACTE TROISIÈME.

SCÈNE PREMIÈRE.
LA VICOMTESSE, CATHERINE.

CATHERINE.

Eh bien ! Madame, comment vous trouvez-vous maintenant ?

LA VICOMTESSE.

Beaucoup mieux, mon enfant. Dis-moi, ma nièce n'est-elle pas charmante ?

CATHERINE.

Puisque madame le pense ainsi.

LA VICOMTESSE.

Mon neveu avait bien raison de l'aimer, n'est-ce pas ?

CATHERINE.

Je trouve madame d'Enremont fort jolie.

LA VICOMTESSE.

Et tu crois que c'est pour cela qu'il l'a épousée ?

CATHERINE.

Oui, Madame!

LA VICOMTESSE.

D'Enremont était un homme d'esprit, il devait connaître le caractère de sa femme.

CATHERINE.

Il n'a vécu que trois mois avec elle, Madame.

LA VICOMTESSE.

Allons, je vois que les propos de Mme Bertrand, cette bavarde que le hasard nous a fait rencontrer à l'hôtel, ont fait impression sur toi.

CATHERINE.

Et sur vous aussi, Madame.

LA VICOMTESSE.

Je l'avoue, Catherine; mais lorsque j'ai vu cette figure noble et douce, ces soins empressés pour une pauvre vieille tante qu'elle n'avait jamais vue, je me suis dit : Cette femme peut avoir des torts, il paraît qu'elle a dissipé une partie de la fortune de mon neveu, il est possible qu'elle ait été légère, mais elle n'est pas méchante...

CATHERINE.

C'est à peu près ce que j'ai pensé, Madame.

LA VICOMTESSE.

Tu vois bien alors que nous sommes du même avis. A vingt-trois ans une femme belle et livrée à elle seule, sans conseils, sans appui.....

CATHERINE.

Cette femme venait de perdre son mari, celui qui

l'avait tirée de la misère, pour ainsi dire, celui à qui elle devait tout ; et la reconnaissance, les convenances même, à défaut de l'amour, devaient la retenir au moins pour quelque temps.

LA VICOMTESSE.

Il n'est que trop vrai, Catherine ; elle est coupable, mais elle est bien jeune aussi. Une méchante femme, une misérable, qui cache sous un nom respectable toutes les turpitudes de sa conduite, l'a entourée de ses mauvais conseils, comme d'un filet, dont le pauvre oiseau n'a pu se débarrasser ; mais je tiens le fil de cette intrigue, nous saurons démasquer cette hypocrite, ma nièce se corrigera, je l'espère ; lorsque le cœur est bon, il y a toujours des ressources.

CATHERINE.

Oui, quand il est bon.

LA VICOMTESSE.

Et peux-tu en douter?

CATHERINE.

J'en ai douté jusqu'au moment où les larmes de Julie.....

LA VICOMTESSE.

Oh ! tais-toi, Catherine, ne m'arrache pas ma dernière illusion, mon seul espoir dans cette vie, celui de combler de mes bienfaits quelqu'un qui en soit digne. Sans doute elle avait des raisons, de fortes raisons, et toute cette colère s'est pourtant évanouie à une simple prière de ma part. Oh !

n'ajoute rien, Catherine, son cœur est bon, il est évident qu'elle m'aime déjà, par cela seul que je suis la tante de son mari.... Pas un mot de plus, te dis-je.

CATHERINE.

Non, je parlerai, Madame. Votre raison sera-t-elle toujours dupe de votre cœur, et à votre âge faudra-t-il vous apprendre à vous méfier des apparences ?

LA VICOMTESSE.

Que dis-tu, Catherine ?

CATHERINE.

Ma bonne maîtresse, ma sœur, je puis vous donner ce nom puisque nous avons sucé le même lait ; je vous en conjure, avant de vous dépouiller de vos biens, comme vous voulez le faire, prenez quelque temps pour étudier le caractère de madame d'Enremont.

LA VICOMTESSE.

Non, non, Catherine, il faut que j'en finisse avec ce monde qui m'importune ; il faut que je mette quelque intervalle entre lui et la tombe. Demain, dès ce soir peut-être, je renonce à tous ces vains intérêts du siècle et je vais consacrer à Dieu, dans la retraite, le peu de jours qui me restent de cette vie que je désirerais lui avoir donnée tout entière. Quant à toi, ma bonne Catherine, tu sais la part qui te revient, si ton intention n'était plus de venir avec moi au couvent.

CATHERINE.

Ingrate que vous êtes !

LA VICOMTESSE.

Oh! pardon, Catherine; oui, je le sens, celle qui m'a consacré sa jeunesse, celle qui a quitté pour moi famille, amis, parents, celle-là ne saurait m'abandonner, c'est entre nous à la vie, à la mort.

CATHERINE.

Eh! bien, Madame, au nom de ce dévouement qui vous est connu, laissez-moi vous dire qu'on vous trompe.

LA VICOMTESSE.

Que dis-tu?

CATHERINE.

Je dis que toutes les prévenances de votre nièce sont adressées à votre fortune bien plus qu'à vous-même. On caresse et l'on flatte la riche vicomtesse de Beauvoir; on eût dédaigné la pauvre tante, si elle avait eu tout juste de quoi vivre.

LA VICOMTESSE.

Tu vois le mal partout, Catherine.

CATHERINE.

Non; mais je sais qu'il y a dans ce monde des bons et des méchants, et je cherche à distinguer les uns des autres.

LA VICOMTESSE.

Je ne crois cependant pas ce que tu viens de dire.

CATHERINE.

Faites-en l'expérience.

LA VICOMTESSE.

Eh ! le puis-je ?

CATHERINE.

Rien de plus facile, laissez croire un instant que vous êtes ruinée, qu'il ne vous reste que douze cents francs de rentes viagères, et si l'on vous témoigne la même déférence, les mêmes égards, je dirai : Il y a de l'espoir, oui, cette femme n'a pas le cœur mauvais, elle se corrigera de ses défauts, et ma maîtresse peut en conscience lui laisser son bien.

SCÈNE II.

Les Précédentes, JULIE.

JULIE.

Madame m'envoie savoir si vous allez mieux ; elle se serait présentée elle-même ; mais elle craint d'être indiscrète.

LA VICOMTESSE.

Merci, ma belle enfant. (Bas à Catherine.) Tu vois bien, que d'attentions ! que de prévenances !

CATHERINE, bas.

Nous verrons cela tout à l'heure.

JULIE.

Avez-vous quelque chose à m'ordonner, adame ?

LA VICOMTESSE.

Rien, mon enfant ; mais j'ai du plaisir à vous

voir. Dites-moi, votre mère jouit-elle d'une bonne santé ?

JULIE.

Hélas, Madame, elle est bien faible, bien délicate, elle a été longtemps malade ; mais cela va mieux maintenant.

LA VICOMTESSE.

Et d'où vient que vous ne restez point auprès d'elle ? vos soins lui seraient utiles sans doute.

JULIE.

Ma sœur Adèle a déjà douze ans ; c'est une bonne fille qui a bien soin de ma mère, et les huit cents francs que je gagne ici peuvent lui procurer un peu d'aisance.

LA VICOMTESSE.

Bien, très-bien, mon enfant ; Dieu vous bénira, j'en suis sûre. Je veux voir votre mère.

JULIE.

Dès qu'elle saura votre arrivée, elle s'empressera de venir vous présenter ses hommages.

LA VICOMTESSE.

Et vous, Julie, vous vous trouvez bien ici sans doute, puisque vous désirez y rester ?

JULIE.

Oui, Madame, j'aime beaucoup mademoiselle Thérésine, et je ne voudrais pas m'en séparer.

LA VICOMTESSE.

Ma nièce est-elle bonne pour vous ?

####### JULIE.

Je ne me suis jamais plainte de madame.

####### LA VICOMTESSE, bas à Catherine.

Tu vois. (Haut.) Est-elle douce, d'une humeur égale, charitable envers les pauvres ?

####### JULIE.

Madame doit être tout cela ; mais permettez que je me retire ; ma maîtresse attend sans doute ma réponse.

####### CATHERINE.

Dites-lui que madame désire lui parler bientôt.

SCÈNE III.

LA VICOMTESSE, CATHERINE.

####### LA VICOMTESSE.

Tu as vu que Julie faisait l'éloge de sa maîtresse.

####### CATHERINE.

Cette Julie me paraît un excellent sujet, et elle a répondu adroitement à vos questions pour ménager madame d'Enremont.

####### LA VICOMTESSE.

Tu te trompes.

####### CATHERINE.

Faites l'expérience que je vous propose. Vous avez ici même, dans ce portefeuille, cette lettre sans date de votre homme d'affaire qui vous annonçait la perte d'un procès dont dépendait alors toute votre fortune : montrez-la sans parler de l'époque où elle fut écrite.

LA VICOMTESSE.

Je ferai ce que tu désires, Catherine ; et j'espère te prouver que la femme de mon neveu est digne de mon affection comme de ma fortune.

CATHERINE, ouvrant le portefeuille.

Je le souhaite, ma bonne maîtresse. Voici la lettre en question. J'entends venir Mme d'Enremont et son amie, jouez votre rôle.

SCÈNE IV.

LA VICOMTESSE. Mme D'ENREMONT, Mme DE MAUBERT, CATHERINE.

Mme D'ENREMONT.

Julie m'a dit que vous désiriez me parler, chère tante, et je me suis hâtée d'accourir.

LA VICOMTESSE.

Que je vous sais gré de votre empressement ! que vos prévenances me paraissent aimables, à moi, pauvre femme accablée par le malheur !

Mme D'ENREMONT.

Je mettrai tous mes soins sinon à vous faire oublier vos maux, du moins à en adoucir l'amertume ; ma vie entière y sera consacrée et j'espère y réussir.

LA VICOMTESSE, attendrie.

Chère nièce ! et moi, que ferai-je pour récompenser un pareil dévouement ?

Mme D'ENREMONT.

Que parlez-vous de récompense ? n'est-elle pas tout entière dans le bonheur que j'aurai à soigner la parente de mon mari, celle qu'il aimait d'une amitié si tendre, celle dont il me parlait toujours les larmes aux yeux.

LA VICOMTESSE, embrassant Mme d'Enremont.

Mon enfant, ma chère enfant !... Quel bon mari tu as perdu !... Catherine, tu entends tout cela ?

CATHERINE.

Hélas ! Madame oublie le sujet de l'entretien qu'elle doit avoir avec Mme d'Enremont.

LA VICOMTESSE.

Après les douces paroles qu'elle vient de m'adresser, pourrai-je craindre encore ?

CATHERINE, bas.

Plus que jamais. (Haut.) Madame, il faut parler ; il est juste que Mme d'Enremont sache à quoi s'en tenir. Tenez, Madame, lisez cette lettre, elle vous apprendra ce que ma maîtresse n'osait pas vous dire elle-même.

Mme D'ENREMONT, parcourant la lettre.

Que vois-je, grand Dieu ! quoi ! ma tante, un pocès qui vous ruine, et il est perdu, perdu sans ressource !

LA VICOMTESSE.

Hélas ! vous voyez vous-même.

Mme DE MAUBERT, à part.

Qu'entends-je ! (Haut.) Mais Madame doit avoir d'autres propriétés, de l'argent, des bijoux, que sais-je.

CATHERINE.

Rien, absolument rien que 1200 livres de rentes viagères; avec cela ma maîtresse et moi nous pourrons vivre chez Mme d'Enremont sans lui être à charge.

Mme DE MAUBERT, à part.

J'ai bien fait de m'emparer des trente mille francs.

M^m D'ENREMONT.

Que faire ?.... Mais vous me trompiez donc, Madame ?

LA VICOMTESSE.

En quoi vous ai-je trompée, ma nièce ? J'étais riche, fort riche, mon neveu était mon seul héritier ; je voulais finir mes jours auprès de lui, j'eus le malheur de le perdre ; vous m'écrivîtes que vous vouliez tenir sa place, que vous seriez aussi tendre, aussi respectueuse qu'il l'était lui-même, que c'était la seule consolation qui vous restât au monde : ce sont vos paroles, Madame, pouvais-je supposer que c'était à ma fortune que vous les adressiez ?

Mme D'ENREMONT, avec embarras.

Assurément non..... ce n'était pas ce que je voulais dire.

LA VICOMTESSE.

Alors, ma nièce, rien n'est changé dans vos projets. Je serai pour vous une mère tendre et dévouée, vos soins et vos prévenances rendront mes derniers jours moins pénibles, et je vous bénirai en mourant.

Mme D'ENREMONT.

Suis-je assez malheureuse, moi qui comptais rétablir ma fortune!... Mais venez donc à mon secours, Albertine, vous ne dites rien?

Mme DE MAUBERT.

Moi, Madame, je me retire par discrétion; la présence d'une étrangère est toujours gênante pour traiter des affaires de famille.

Mme D'ENREMONT.

Vous n'êtes pas étrangère pour moi, ne dois-je pas épouser votre frère?

Mme DE MAUBERT.

Cela n'est pas certain, vous ne vous êtes jamais vus, et.... comme vous le disiez ce matin..... Il se pourrait....

Mme D'ENREMONT.

C'est-à-dire que c'était à ma fortune que vous faisiez la cour l'un et l'autre, et tous vos témoignages d'amitié n'étaient que des mensonges. Vous êtes une indigne, qui ne m'avez jamais aimée.

Mme DE MAUBERT, d'un ton railleur.

Vous vous trompez, ma chère, j'avais pour vous le même attachement que vous portiez à madame votre tante.

Mme D'ENREMONT.

Malheureuse ! n'êtes-vous pas la cause de ma ruine ? ne sont-ce pas vos mauvais conseils qui m'ont entraînée dans le précipice où je suis tombée ?

LA VICOMTESSE.

Quoi ! ma nièce, la fortune que mon frère vous a laissée ?

Mme D'ENREMONT.

Eh bien ! oui, puisqu'il faut vous le dire, il ne m'en reste presque rien.

LA VICOMTESSE.

Sans procès, sans banqueroute, comment l'avez-vous dépensée en si peu de temps ?

Mme D'ENREMONT.

En me confiant à cette femme, qui se rit de moi maintenant.

LA VICOMTESSE.

Eh, bien ! Suzanie, pardonnez-moi mes malheurs, comme je vous pardonne vos fautes, je m'entends un peu en affaires, j'examinerai les vôtres, vous payerez d'abord toutes vos dettes, et puis avec le peu qui vous restera, mes douze cents francs de rentes viagères et beaucoup d'ordre et d'économie nous pourrons vivre toutes trois.

Mme D'ENREMONT.

Cela vous est facile à dire, Madame, à vous, qui n'êtes plus jeune et qui n'aimez plus le monde. D'ailleurs vous auriez tout à gagner à ce marché, car enfin pour peu qu'il me reste, j'aurai toujours plus de douze cents francs de rentes.

Mme DE MAUBERT, à part.

Hum ! cela n'est pas certain.

LA VICOMTESSE.

Je croyais, Madame, qu'il vous suffirait de savoir que je ne vous serais point à charge, et que l'amitié que vous avez pour la tante de votre mari.....

Mme D'ENREMONT, levant les épaules.

L'amitié pour une personne qu'on ne connaît pas !

LA VICOMTESSE.

Ma nièce, au nom de mon neveu qui vous entend sans doute, je vous en conjure encore une fois, suivez mon conseil, mettons en commun nos deux infortunes, consentez à être pour moi une bonne et tendre fille ; hélas ! vous n'aurez pas longtemps à en supporter les charges, je demeurerai chez vous, et je vous assure que vous n'aurez pas sujet de vous en repentir.

Mme DE MAUBERT.

Vous avez donc quelque chose à lui promettre ?

LA VICOMTESSE.

Oui, Madame, des biens de grand prix.

Mme D'ENREMONT.

Que dites-vous ?

Mme DE MAUBERT.

Quels sont-ils, puisque vous êtes ruinée ?

LA VICOMTESSE.

La paix d'une bonne conscience, la satisfaction qu'on éprouve à faire son devoir, à être utile. Un nom et une réputation sans tache, tous biens que vous n'avez jamais cherché à acquérir, Madame.

Mme DE MAUBERT.

Vous m'insultez.

LA VICOMTESSE.

Eh, bien ! ma chère nièce, une voix ne crie-t-elle pas au fond de votre cœur de ne point rejeter ma proposition ? ne vous dit-elle pas que ce serait mal à vous de repousser votre pauvre tante, qui ne vous demande rien autre chose qu'un mouvement d'affection désintéressée.

CATHERINE.

Oui, quelques soins, une compagnie pour ses vieux jours.

Mme D'ENREMONT.

Peut-être ferais-je bien de suivre vos conseils.

Mme DE MAUBERT.

Pauvre sotte. (Elle parle bas.)

LA VICOMTESSE, avec entraînement.

Oh ! vous consentez, ma fille, mon enfant, je savais bien, moi, que la femme de mon cher d'Enremont ne voudrait pas rejeter sa plus proche parente.

Mme D'ENREMONT.

Madame, je suis fâchée de vous le dire, mais

Albertine vient de me démontrer que ce que vous me demandez là est impossible ; je nuirais à mes intérêts sans vous être d'aucun secours ; et d'abord nos goûts sont si dissemblables.

LA VICOMTESSE.

Ainsi donc, vous refusez de me donner un asile.

Mme D'ENREMONT.

Non pas pour quelques jours, le temps de chercher ailleurs, je ne vous empêche point de rester ici.

LA VICOMTESSE, pleurant.

Ah ! Catherine, Catherine, tu n'avais que trop raison ! (Mmes d'Enremont et de Maubert sortent.)

SCÈNE V.

La VICOMTESSE, CATHERINE, Mme BRANDOT, JULIE, ADÈLE, THÉRÉSINE, MINA.

Mme BRANDOT.

Madame de Beauvoir, ma bienfaitrice ! ah ! Madame, permettez. (Elle lui baise la main.)

LA VICOMTESSE l'embrassant.

Ah ! c'est vous, Sophie, vous m'avez reconnue malgré mes rides et mes cheveux blancs.

Mme BRANDOT.

La mémoire du cœur ne trompe jamais, Madame, et je ne puis oublier vos bienfaits.

LA VICOMTESSE.

Que parlez-vous de bienfaits ? c'est moi qui vous suis redevable, car le seul mouvement de joie que j'aie ressenti depuis mon retour, c'est vous qui venez de me le donner.

Mme BRANDOT.

Oh ! Madame, que de bonté ! Laissez-moi vous présenter mes filles, elles ont appris de moi à vous révérer et à vous chérir.

LA VICOMTESSE, baisant les jeunes filles sur le front.

Aimables enfants, puissiez-vous être la joie et la consolation de votre mère ! Sophie, vous êtes plus heureuse que moi.

Mme BRANDOT.

Ce sont là mes seuls trésors, Madame.

LA VICOMTESSE.

Ils sont au-dessus de tous les autres.

Mme BRANDOT.

Oh ! vous avez raison et je le répète tous les jours, si vous saviez tout ce qu'elles valent !.... et tout ce que ma Julie a fait pour moi.

JULIE.

Ma mère !

Mme BRANDOT.

Oh ! laisse-moi dire que tu m'as sauvé la vie ; oui, Madame, sans elle je serais morte il y a longtemps. Ma pauvre fille m'a soignée comme une mère soigne son enfant ; elle n'avait que quatorze ans alors, elle passait les jours et les nuits auprès de mon lit, travaillant de toutes ses forces pour gagner quelque argent et payer les remèdes, surveillant ses petites sœurs, et à présent encore, la pauvre enfant ! tout ce qu'elle gagne, c'est à moi qu'elle le donne, et ce matin même elle est venue à pied pour m'apporter ses gages, pendant qu'on la calomniait ici. Oh ! puisse le bon Dieu te bénir comme je te bénis, ma fille !

JULIE.

Ma mère, vous me faites pleurer.

LA VICOMTESSE.

Oui, le bon Dieu la bénira, il récompense avec usure les enfants vertueux.

Mme BRANDOT.

Allons, Madame, je me retire la joie dans l'âme d'avoir eu le bonheur de vous revoir.

LA VICOMTESSE.

Non, restez encore, Sophie ; qui sait quand nous nous reverrons ?

JULIE.

Moi, je serai plus heureuse que ma mère, puisque, grâce à madame, je reste ici, et je la verrai tous les jours.

LA VICOMTESSE.

Je pars dès demain, ma pauvre enfant.

JULIE.

Madame n'habitera donc pas le château ? madame d'Enremont se flattait cependant.....

LA VICOMTESSE.

C'est elle qui me chasse.

Mme BRANDOT.

Elle! Madame.

LA VICOMTESSE.

Oui, elle, la femme de mon neveu, elle qui devait être mon héritière.

JULIE.

Mais c'est impossible, elle était si heureuse de votre retour, elle faisait de si grands préparatifs pour vous recevoir. Oh! vous avez mal compris, Madame.

LA VICOMTESSE.

Je ne me trompe point.

CATHERINE.

C'est que madame d'Enremont ignorait alors que ma maîtresse eût perdu sa fortune.

Mme BRANDOT.

Quoi ! Madame, vous auriez éprouvé ce malheur ?

CATHERINE.

Eh ! mon Dieu ! oui, madame est ruinée, complétement ruinée.

Mme BRANDOT.

Je suis stupéfaite : ô mon Dieu ! mon Dieu ! c'est-il bien possible ? une si bonne dame ! ah ! que ne suis-je riche moi-même !

CATHERINE.

Madame est bien à plaindre, à l'âge de Madame, être chassée de la maison de son père, sans ressource !

JULIE.

Et Madame sait-elle où se retirer ?

CATHERINE.

Hélas ! non.

JULIE, bas à sa mère.

Oh ! maman, voilà l'occasion de prouver votre reconnaissance. (Haut.) Madame, si vous daigniez accepter....

LA VICOMTESSE.

Que dites-vous ?

Mme BRANDOT.

Ma maison est si petite, si misérable, pour une grande dame comme vous ; parle, toi, Julie, moi, je n'oserai jamais.

JULIE.

Nous voudrions avoir un palais à vous offrir, Madame ; mais nous sommes de pauvres gens, et nous n'avons qu'une chaumière. Telle qu'elle est, disposez-en, vous nous rendrez bien heureuses.

Mme BRANDOT.

Excusez-nous, Madame, vous prendrez ma chambre, elle n'est pas belle ; mais c'est la plus commode.

LA VICOMTESSE.

Je vous remercie, mon Dieu, de cette joie inespérée.

JULIE.

Vous acceptez.... Oh ! merci, Madame.

LA VICOMTESSE, essuyant ses larmes.

Mais je vous serai à charge, vous avez à peine de quoi vivre.

Mme BRANDOT.

Non, non, grâce à Julie, nous sommes dans l'aisance, j'ai là six cents francs qu'elle m'a remis tout à l'heure. Adèle commence à travailler.

JULIE.

Et puis j'ai toujours trois ou quatre heures de libres que je consacrais à mes études ; je les donnerai au travail ; oh ! vous ne manquerez de rien, Madame.

CATHERINE.

Brave fille, va !

LA VICOMTESSE.

Que je suis heureuse ! j'ai enfin trouvé des cœurs généreux ! Catherine, appelle madame d'Enremont.

CATHERINE.

Je l'entends qui vient d'elle-même.

SCÈNE VI.

Les Précédentes, Mme d'ENREMONT, Mme DE MAUBERT.

Mme D'ENREMONT.

Que font là toutes ces femmes ? J'avais à vous parler, ma tante.

LA VICOMTESSE.

Vous pouvez le faire librement, vous me voyez entourée d'amies.

Mme D'ENREMONT, d'un ton dédaigneux.

Vous appelez cela vos amies ?

LA VICOMTESSE.

Oui, de bonnes amies qui m'offrent dans leur pauvre demeure l'hospitalité que vous, ma nièce, vous m'avez refusée dans votre château.

Mme D'ENREMONT.

Ainsi, vous allez demeurer chez Mme Brandot; mais en effet c'est fort convenable : ce sont d'anciennes connaissances, et dans une pareille maison les douze cents francs de madame ne laisseront pas de donner un peu d'aisance.

LA VICOMTESSE.

De votre part, Madame, je conçois de pareils calculs ; mais ma bonne Sophie ignorait même que je possédasse ces douze cents francs.

Mme DE MAUBERT.

Alors c'est une surprise que vous leur avez ménagée.

LA VICOMTESSE, à part.

Celle-là et bien d'autres encore.

Mme DE MAUBERT, d'un ton railleur.

De la générosité, de grands sentiments.... C'est très-beau, très-beau, en effet ; avec cela on va loin dans le monde.

4

LA VICOMTESSE.

Ainsi, ma nièce, vous persistez à me renvoyer de chez vous !

Mme D'ENREMONT.

Vous renvoyer ? je n'ai jamais prononcé ce mot ; vous pouvez rester tant qu'il vous fera plaisir, trois, quatre jours.

LA VICOMTESSE.

Je n'userai pas plus longtemps de la permission, et dès ce soir.... Mais vous aviez à me parler, disiez-vous.

Mme D'ENREMONT.

Je me trouve dans l'obligation de vendre ce château, une clause du testament de mon mari, clause que vous connaissez sans doute, m'empêche de m'en défaire sans votre consentement, c'est cette adhésion que je viens vous demander.

Mme DE MAUBERT.

Madame n'ignore pas qu'il lui serait impossible de refuser, et d'ailleurs la générosité de Mme d'Enremont saura reconnaître cette complaisance de votre part.

LA VICOMTESSE.

Ah ! vous voulez vendre ce château, Madame ; ce château dont vous portez le nom, qui appartient à notre famille depuis des siècles, où votre mari a été élevé, où il est mort.... Eh ! bien, soit, vendez-le, je l'achète.

Mme D'ENREMONT ET Mme DE MAUBERT.

Que dites-vous là ?

JULIE.

LA VICOMTESSE.

Oui, ce sera la dot de ma chère Julie. Approchez, mon enfant, ne serez-vous pas bien aise d'être châtelaine d'Enremont ?

JULIE.

Oh ! Madame, ne plaisantez donc pas ainsi.

Mme D'ENREMONT.

En effet, je trouve cela fort déplacé. (A part.) Ce propos m'a toute troublée. (Haut.) Ainsi donc vous donnez votre consentement ?

LA VICOMTESSE.

Je vous l'ai dit, je fais plus, j'achète le château, et, en le donnant à Julie, je suis sûre au moins que ce lieu chéri, autrefois l'asile de la vertu, ne changera pas de destination.

Mme DE MAUBERT.

Que signifie tout cela ? Où prendrez-vous une somme assez forte pour payer ?

LA VICOMTESSE.

Vous êtes trop bonne de vous en mettre en peine, Madame.

Mme D'ENREMONT.

Mais vous me trompez, ou vous m'avez trompée.

Mme DE MAUBERT.

Cette lettre de votre intendant était donc supposée, Madame ?

LA VICOMTESSE.

Non : mais j'avais perdu ce procès, il y a douze

ans, j'en ai rappelé et je l'ai gagné depuis. Ma fortune est aussi considérable et plus encore que vous ne le croyiez d'abord, et cette fortune sera dès ce soir celle de Sophie et de ses enfants ; dès ce soir je fais dresser l'acte de donation. Catherine, allez chercher le notaire.

SCÈNE VII.

Les Précédentes, excepté CATHERINE.

Mme BRANDOT.

Oh ! Madame, nous ne consentirons jamais.

JULIE.

Mme d'Enremont est votre héritière.

LA VICOMTESSE.

Elle était la femme de mon neveu, elle ne m'est plus rien maintenant.

Mme D'ENREMONT.

Suis-je assez malheureuse !

Mme DE MAUBERT.

Non, Madame, vous ne déshériterez pas ainsi la femme de votre seul parent, de l'ami de votre enfance ; vous, si bonne, si généreuse, vous ne la laisserez point languir dans la misère pour enrichir une Mme Brandot.

LA VICOMTESSE.

Taisez-vous, misérable, ne prononcez pas le nom de cette femme vertueuse ; vous le souilleriez.

Mme DE MAUBERT.

Madame, c'est la seconde insulte.... Vous voyez, Suzanie, à quoi je m'expose pour vous.....

Mme D'ENREMONT.

Ah ! c'est vous qui m'avez perdue, et je n'ai que ce que je mérite.

Mme DE MAUBERT.

Vous aussi ? traiter de la sorte une femme de mon rang ! prenez garde, vous vous repentirez de votre insolence.

LA VICOMTESSE.

Sors d'ici, malheureuse, va porter ailleurs tes injures et tes menaces, va faire de nouvelles dupes et de nouvelles victimes ; je te connais, femme dépravée, et le nom respectable sous lequel tu te caches n'a pas de voile assez épais pour couvrir ton infamie. Oui, Madame, cette prétendue baronne, qui se disait votre amie, qui voulait vous donner son frère en mariage, elle a été enfermée pour vol après avoir dansé sur la corde.

Mme DE MAUBERT.

O rage ! je me vengerai ! il faut que je me venge !....

Mme D'ENREMONT.

Arrêtez, arrêtez, rendez-moi ces trente mille francs que j'ai eu la folie de mettre entre vos mains ; la dot de ma sœur ! pauvre Thérésine !

SCÈNE VIII.

LA VICOMTESSE, Mme D'ENREMONT, JULIE, ADÈLE, THÉRÉSINE, MINA.

LA VICOMTESSE.

Calmez-vous, la police est sur ses traces ; elle sera arrêtée avant de sortir du château.

JULIE, soutenant Mme d'Enremont.

Madame se trouve mal !

Mme D'ENREMONT, d'une voix faible.

Et c'est vous qui me soutenez, Julie ! Mon Dieu, quelle humiliation !

JULIE, à la vicomtesse.

Oh! grâce, Madame, grâce pour elle, voyez comme elle est pâle, elle se repent, j'en suis sûre : dites que vous lui pardonnez : un mot, un seul mot de compassion pour elle.

THÉRÉSINE, allant à Mme d'Enremont.

Ma pauvre sœur !

JULIE.

Celle-là du moins est innocente.

LA VICOMTESSE.

Eh bien ! j'aurai soin de Thérésine ; Julie, vous ne serez point séparée de votre élève.

JULIE.

Oh! merci, Madame ; mais elle, vous l'abandonnez donc ?

LA VICOMTESSE.

Non, grâce à vos prières, noble fille, je ne veux pas que son désespoir vienne troubler le bonheur que nous goûtons aujourd'hui. Je lui réserverai une somme qui suffira de reste pour une modeste existence ; mais elle deviendra la récompense de sa bonne conduite à l'avenir.

SCÈNE IX.

Les Précédentes, MADELON.

MADELON.

Est-ce donc vrai, Mamzelle Julie, que vous voilà riche, maintenant ? Si vous avez besoin d'une cuisinière, n'oubliez pas Madelon, vous savez ce qu'elle sait faire…. Suffit.

JULIE.

Vous resterez avec nous, Madelon.

SCÈNE X.

Les Précédentes, CATHERINE.

CATHERINE.

Madame, le notaire est au bout de l'allée du château, il venait avec le juge de paix et les hommes de la police qui ont arrêté la soi-disant Mme de Maubert.

LA VICOMTESSE.

Allons, mes enfants, assurer toutes mes dispositions; aujourd'hui encore les affaires de ce monde (bas à Catherine, en lui serrant la main), et demain celles du ciel.

FIN DE JULIE.

LE

CLUB DES JEUNES FILLES

COMÉDIE EN TROIS ACTES.

PERSONNAGES.

EMMA DE LINIÈRES, âgée de 17 ans.
HENRIETTE DE LINIÈRES, 13 ans et demi.
BERTHE DE LINIÈRES, sœur jumelle d'Henriette.
LUCILE D'ARCEAU, 14 ans, cousine des demoiselles de Linières.
PALMYRE VAUDREUIL.
AMANDA, sa cousine.
FIFINE TOURNON.
GOTHON, jeune villageoise.
DAME CUNÉGONDE, femme de charge de M. de Linières, âgée de 60 ans.
NANNETTE, jeune soubrette.
ROSETTE, fille du jardinier de M. de Linières.
THOMASSE, paysanne.
TROUPE DE JEUNES PAYSANNES.

LE

CLUB DES JEUNES FILLES

COMÉDIE EN TROIS ACTES.

ACTE PREMIER.

Le théâtre représente le salon du château de M. de Linières, situé sur le flanc du village du même nom.

SCÈNE PREMIÈRE.

DAME CUNÉGONDE, en costume de vieille femme bretonne.

CUNÉGONDE.

Ah ! mon Dieu, quel désordre ! les fauteuils au milieu de l'appartement, le salon sens dessus dessous ! et c'est tous les jours la même chose, depuis que M{ll e} Lucile s'amuse à réunir ici tous les petits mauvais sujets du village, pour jouer à ce qu'elle appelle un croup, un crub, quelque diable de nom comme ça. (Appelant.) Nannette ! Nannette ! En voilà-t-il de la poussière sur les meubles ! Rien de propre, rien de balayé ! Je ne sais vraiment pas à quoi pense cette petite Nannette, autrefois si obéissante et si active, elle ne vient plus à bout de rien maintenant. (Appelant de nouveau.) Nannette !... Elle ne répond pas. Je vais la tancer d'importance. Nannette ! Nannette !

SCÈNE II.

Dame CUNÉGONDE, NANNETTE.

NANNETTE, se frottant les yeux.

Eh bien ! me voici, Mame Cunégonde, croyez-vous que je sois devenue sourde ?

CUNÉGONDE.

Si vous n'êtes pas sourde, pourquoi ne venez-vous pas dès que je vous appelle ?

NANNETTE.

Pourquoi ? pourquoi ? parce que ça ne me convenait point.

CUNÉGONDE.

Et depuis quand ne vous convient-il plus de m'obéir ?

NANNETTE.

Depuis que nous sommes tous égaux, comme dit mamzelle Lucile, et je ne vois pas pourquoi....

CUNÉGONDE.

Mademoiselle Lucile est une enfant terrible, qui, depuis quinze jours qu'elle est ici, vous met la cervelle à l'envers. Tous égaux !.... Quelles sornettes me chantez-vous là ? Est-ce que par hasard vous avez soixante ans comme moi ? dont quarante cinq passés au service de Mme la comtesse ? (Elle s'arrête, interrompue par un violent accès de toux.)

NANNETTE.

Quant à ça je ne dis pas, Mame Cunégonde.

CUNÉGONDE.

Est-ce que vous êtes femme de charge comme moi? Est-ce que vous avez mon expérience ? (Elle tousse de nouveau pendant longtemps.) Est-ce que vous avez mon asthme et mon catarrhe, dont je vous céderais la moitié de bon cœur, et même le tout au besoin. Vous voyez bien que nous ne sommes pas tous égaux ; la preuve, c'est que c'est moi qui vous ai placée chez Mme la comtesse, et que je puis vous faire renvoyer, s'il me plaît ; et je serai bien forcée d'en venir là, si vous continuez à négliger votre besogne. Pourquoi le salon n'est-il pas en ordre ? répondez-moi ?

NANNETTE.

Parce que je n'ai pas eu le temps de le faire.

CUNÉGONDE.

Voilà une fameuse excuse! Vous n'avez pas eu le temps, dites-vous? Il est déjà neuf heures. A quoi le passez-vous donc, votre temps ?

NANNETTE, se frottant les yeux.

Dam ! J'ai dormi un peu plus qu'à l'ordinaire.

CUNÉGONDE.

Est-ce que Marianne ne vous a pas réveillée ce matin ?

NANNETTE.

Si fait bien, Mame Cunégonde, mais je m'étais couchée tard et je me sentais encore sommeil à cinq heures ; alors je me suis fait ce raisonnement :
— Maintenant que les jeunes filles ne sont plus esclaves, maintenant que nous sommes libres, comme dit mamzelle Lucile, quel meilleur usage puis-je faire de ma liberté que de dormir tout mon soûl ?

CUNÉGONDE, levant les épaules.

Il est beau, votre raisonnement ! Je crois en vérité que vous devenez folle.

NANNETTE.

Enfin, qui est-ce qui a raison de mamzelle Lucile ou de vous ? suis-je libre, oui ou non ?

CUNÉGONDE.

Oui, libre de mourir de faim si cela vous fait plaisir, ce qui vous arrivera certainement si vous continuez à faire la paresseuse. Écoute, Nannette, j'ai de l'amitié pour toi à cause de ton père qui est mon filleul, comme tu le sais ; et c'est pour cela que, quoique tu ne fusses pas bonne à grand'chose, je t'ai fait placer chez madame la comtesse ; grâce à mes soins et à cette excellente mademoiselle Emma, si douce et si patiente, tu commençais à savoir faire un lit proprement, frotter une chambre et même tricoter des bas ; et si tu avais continué de la sorte, avec ton intelligence naturelle et beaucoup d'application, dans dix ans tu aurais été capable peut-être d'en savoir autant que moi, je t'aurais fait monter en grade, tu serais passée femme de chambre, et quand je serais morte... Eh bien! mon enfant, tu aurais pu me remplacer auprès de madame. Mais crois-tu que ce soit en te livrant à la paresse et à la dissipation, en écoutant les billevesées que mademoiselle Lucile a prises je ne sais où, que tu puisses arriver jusque-là ?

NANNETTE.

C'est pourtant bien beau ce qu'elle nous dit.

CUNÉGONDE.

Mais, pour l'amour du ciel, que vous dit-elle donc qui vous tourne ainsi la tête ?

NANNETTE.

Que nous sommes des sottes d'être joyeuses et contentes de notre sort ; que nous devons au contraire nous trouver malheureuses, très-malheureuses, parce que nous sommes sous le joug de tyrans domestiques ; mais que ça ne peut pas durer comme ça, qu'il est temps que ça finisse, que le soleil luit pour tout le monde, les jeunes filles comprises, et qu'il faut que la liberté luise aussi pour tout le monde ; puis encore que les hommes et nous c'est tout un, et que les duchesses et nous c'est tout un, enfin beaucoup de belles choses.

CUNÉGONDE.

Si je comprends un mot à tout ce galimatias !

NANNETTE.

Je ne comprends pas très-bien non plus, mais c'est égal, c'est bien arrangé tout de même.

CUNÉGONDE.

Écoute, mon enfant ; si tu veux suivre un bon conseil, ne te laisse sermonner que par M. le curé, ou par ceux qui prêchent la même morale ; c'est celle de tous les honnêtes gens que j'ai connus, riches ou pauvres, jeunes ou vieux. Dieu nous a créés et mis au monde pour le connaître, l'aimer et le servir, chacun dans notre état et notre condition, les uns en gouvernant un royaume, les autres un diocèse comme monseigneur l'évêque, ou tout simplement la maison de leurs maîtres comme moi ; d'autres encore en soignant leur famille, leur petit ménage, en faisant la cuisine, peu importe ; pourvu que nous soyons probes, laborieux, charitables, bons chrétiens enfin, nous serons heureux autant qu'on peut l'être dans ce monde de peine et de misère, mais à coup sûr nous le serons beaucoup dans le ciel. Tout ce que je te dis là, vois-tu, c'est sûr au moins, puisque c'est dans l'Évangile. Et là-dessus, crois-moi, prends ton plumeau et ton balai, et frotte-moi ces meubles d'importance. Je vais t'aider un peu pour aujourd'hui.

SCÈNE III.

Les précédentes, EMMA.

EMMA.

Bonjour, ma bonne, bonjour, Nannette.

CUNÉGONDE.

Mademoiselle Emma... Vous voilà enfin de retour ! que je suis donc contente de vous revoir ! et Madame descend de voiture sans doute, je cours à sa rencontre. (Elle fait un pas vers la porte et revient aussitôt, disant à part :) Et le salon qui n'est pas achevé ! (Bas à Nannette.) Malheureuse enfant ! vois dans quel embarras tu me jettes, dépêche-toi donc. (Nannette s'occupe avec ardeur à remettre tout en place.)

EMMA.

Ma bonne, maman n'arrivera que demain, elle s'est arrêtée à la ville chez M. Marceau, son notaire, et nous a fait partir en disant de lui renvoyer la voiture ce soir.

CUNÉGONDE, à part.

Je respire ! (A Nannette.) D'ici à demain tout sera en ordre, j'espère.

EMMA.

Mes sœurs se sont arrêtées en passant, c'est la bonne mère Jeanne qui doit les reconduire jusqu'ici.

CUNÉGONDE.

Et la santé de madame ?

EMMA.

Hélas ! toujours bien délicate. La fatigue du voyage, et surtout le peu de succès de nos démarches, puisque nous n'avons obtenu aucune nouvelle de mon oncle, tout cela a contribué à la rendre plus souffrante encore ! Gardez-vous bien, ma chère bonne, de répéter à ma cousine Lucile ce que je viens de vous dire, elle croit son père en voyage, il faut lui laisser cette illusion le plus longtemps possible ; mais où est-elle donc, cette chère petite ? que j'aille l'embrasser.

CUNÉGONDE.

Mademoiselle Lucile ? dans son lit sans doute, ou peut-être tout au bout du village, perchée sur une borne à débiter des extravagances ; sait-on jamais ce qu'elle fait ni ce qu'elle veut ?

EMMA.

Vous m'étonnez, Cunégonde ; vous, si bonne toujours, comme vous parlez de cette pauvre petite Lucile.

CUNÉGONDE.

Ma foi ! Mademoiselle, je ne demanderais pas mieux que de l'aimer, comme vous, comme vos sœurs, comme tous les enfants et petits-enfants de ma bonne maîtresse enfin ; mais celle-ci, quoique fille de sa mère, n'est pas de la famille, voyez-vous, et je suis tentée de croire qu'on l'a changée en nourrice.

EMMA, souriant.

Comme si ma pauvre tante n'avait pas nourri sa fille de son lait. Mais je vois ce que c'est : Lucile est très-espiègle, un peu capricieuse peut-être, on nous le dit depuis longtemps.

CUNÉGONDE.

Si ce n'était que cela ! Votre sœur Henriette est bien espiègle aussi, et vous savez si je l'aime pourtant !

EMMA.

C'est vrai, ma bonne, mais enfin qu'a donc fait ma cousine ?

CUNÉGONDE.

Je vais vous conter la chose en commençant par le commencement. (Apercevant Nannette qui se rapproche pour écouter.) Nannette, va-t'en voir à la cuisine si j'y suis.

EMMA, à Nannette avec douceur.

Monte dans ma chambre, mon enfant, et arrange dans la grande armoire tous les cartons que Baptiste a dû tirer du coffre de la voiture.

SCÈNE IV.

EMMA, CUNÉGONDE.

CUNÉGONDE.

Vous saurez donc, Mademoiselle, que le lendemain de votre départ, comme j'étais occupée à compter les poulets de la basse-cour, dont un grand nombre n'existe plus, hélas ! à cause de la terrible maladie qui est tombée cette année sur la volaille en général, sur les enfants en bas âge, et même sur les petits cochons, ce qui est un grand malheur pour le pays ! comme Jacques a dû vous l'écrire d'après mes ordres. Or donc, comme je comptais mes poulets, j'aperçois au bout de l'allée une belle voiture, c'est bon. Aussitôt je me dépêche, je vais voir ce que c'est, et j'arrive dans la cour d'honneur juste au moment où les chevaux y entraient. Une jolie petite demoiselle descend de carrosse, je mets mes lunettes; je ne la reconnais pas tout de même, c'est bon.

— Je suis mademoiselle d'Arceau, dit-elle d'un ton dégagé, je viens voir ma grand'maman.

— Ah! mon Dieu, m'écriai-je alors, votre grand'maman est partie pour Paris, parce qu'elle était en peine de votre papa.

— Mon papa se porte bien. J'apporte une lettre de lui, il m'envoie passer quelques mois auprès de ma grand'mère, parce qu'il est obligé de faire un long voyage pour des affaires importantes. Il m'a accompagnée jusqu'à Rennes, où j'ai demeuré quinze jours chez ma tante de Chabure.

EMMA.

Jacques nous a écrit tout cela, mais malheureusement la lettre de mon oncle d'Arceau était antérieure à celle de madame Martel, qui annonçait à grand'maman la disparition de mon pauvre oncle, compromis dans la terrible catastrophe du mois de juin, et personne ne sait maintenant ce qu'il est devenu, ce qui est bien triste pour nous.

CUNÉGONDE.

M. d'Arceau a toujours été un homme bien singulier; si votre pauvre tante avait vécu, il l'aurait rendue malheureuse à coup sûr.

EMMA.

Que dites-vous, ma bonne? mon oncle était le meilleur mari du monde, il aimait tant sa femme qu'il a manqué mourir de chagrin lorsqu'il l'a perdue ; et, quoiqu'il n'eût que vingt-cinq ans alors, il n'a jamais voulu se remarier ; c'est pour cela surtout que ma grand'mère l'aime si tendrement.

CUNÉGONDE.

Ce que vous dites est vrai, M. d'Arceau a un cœur excellent, mais cela n'empêche pas qu'il n'ait aussi une mauvaise tête, et qu'il ne fasse beaucoup de sottises. Il y a huit ans qu'il s'était imaginé je ne sais quoi, une spéculation en grand, comme il l'appelait ; à l'en croire, cette belle affaire devait le rendre riche à millions, elle lui a coûté la moitié de sa fortune. Madame a bien souffert de tout cela, précisément parce qu'elle aime beaucoup son gendre. Maintenant il s'est fourré dans la politique, dans les conspirations, c'est bon ; mais avec toutes ces belles inventions on n'aboutit qu'à se ruiner ou à se faire pendre, et à donner du chagrin à sa famille par-dessus le marché ; et, pour vous dire tout ce que je pense, je crains bien que sa fille ne tire de lui, ou qu'elle ne soit pire encore.

EMMA, souriant.

Et qu'est-ce qui vous fait croire cela, ma bonne? Lucile n'a jamais spéculé ni conspiré, je pense?

CUNÉGONDE.

Hum ! je n'en mettrais pas la main au feu. Dans tous les cas ce n'est certainement pas l'envie qui lui manque.

EMMA, en riant.

De conspirer ? et contre qui, s'il vous plaît ?

CUNÉGONDE.

Riez tant que vous voudrez, Mademoiselle; si vous saviez ce que je sais!.... En vérité, il n'y a plus d'enfants !

EMMA.

Et que savez-vous donc, ma bonne ?

CUNÉGONDE.

Pas tout ce que je voudrais, parce qu'il y a là-dessous un mystère que je ne puis découvrir, quoi que je fasse; mais, depuis votre départ, il se passe ici des choses à faire dresser les cheveux sur la tête.. Enfin je vais toujours vous dire ce que je sais, parce que, vous, qui êtes sage et raisonnable, vous trouverez peut-être un remède à tout cela.

EMMA.

Parlez, je vous en prie, vous commencez à me mettre en peine.

CUNÉGONDE.

Vous saurez donc qu'il était presque nuit quand mademoiselle Lucile arriva au château; je la fais entrer au salon, Marianne lui prépare à souper, Nannette fait son lit, c'est bon.

— Voulez-vous aller vous coucher ? lui dis-je.

— Est-ce que vous me prenez pour une poule, répond-elle aussitôt; je ne me couche jamais avant minuit.

— Miséricorde ! se coucher à minuit ! ici tout le monde est au lit à dix heures.

Alors la voilà qui se met à me rire au nez, ce qui n'est guère honnête, soit dit en passant.

Quand elle eut bien ri :

— Y a-t-il quelqu'un à voir dans ce pays ?

— Je le crois bien, Mademoiselle. Il y a d'abord M. le curé, un digne homme, M. Pouttier, le médecin.

Les rires recommencent.

— Je demande s'il y a des jeunes filles.

— Aucune de votre rang, lui dis-je.

— Qu'appelez-vous mon rang ? me répond-elle en riant plus fort ; puis elle monte dans sa chambre.

EMMA.

Jusqu'à présent je ne vois là qu'un peu d'enfantillage.

CUNÉGONDE.

Écoutez le reste. Le lendemain à sept heures, Mademoiselle n'avait pas sonné, je vais écouter à la porte ; rien, je me dis : Ce n'est pas étonnant, elle était fatiguée du voyage, elle dort. A huit heures, je remonte pour lui porter du chocolat, rien encore, alors je commence à être en peine, car je craignais qu'elle ne fût malade. J'entre dans la chambre, l'oiseau avait déniché, c'est bon ; je me dis : Elle est sans doute à la messe, mais elle a eu tort de sortir toute seule, une fille de son âge et de son rang, ça ne convient guère. Je vais à l'église; pas de mademoiselle Lucile, c'est bon. Je me dis alors : La pauvre enfant aura été au cimetière prier sur le tombeau de sa mère ; mais une fille de son âge et de son rang ne devrait pas sortir ainsi toute seule, car ça ne convient guère. Je vais la chercher au cimetière, pas de mademoiselle Lucile. Je demande au sacristain, au fossoyeur : ni vu ni connu. Vous concevez, mademoiselle dans quel état je me trouvais alors, je tremblais comme la feuille, mes pauvres jambes me manquaient ; si cette enfant avait disparu comme son père, que dirait madame à son retour ?

Je reviens au château j'appelle Nannette, point de Nannette. J'étais plus morte que vive, je mets tout le monde sur pied : Jacques court à la ferme, Marianne au village ; on retrouve enfin votre cousine, mais vous ne devineriez jamais dans quel endroit.

EMMA.

Chez la vieille Jeanne peut-être, c'était la nourrice de sa mère.

CUNÉGONDE.

Ah ! bien, oui ! vous êtes bien loin de compte ; tout au beau milieu de la place du village, perchée sur une chaise qu'elle avait prise je ne sais où, et disant je ne sais quoi à un tas de polissons qui s'étaient rassemblés autour d'elle.

EMMA.

C'est bien extraordinaire en effet.

CUNÉGONDE.

Ce n'est pas tout ; mademoiselle rentre à midi, je lui fais des remontrances respectueuses, elle m'envoie promener, et me défend de m'occuper de sa conduite à l'avenir, c'est bon. Le soir même je vois arriver au château mademoiselle Vaudreuil, la fille de l'apothicaire, et la petite Tournon, celle de l'aubergiste, qui sont en pension à Rennes et qui se trouvent ici en vacances ; puis la grande Gothon,

la nièce à Mathurin, un vrai mauvais sujet, qui passe
tout son temps à faire enrager son vieil oncle, qui
ne vaut guère mieux qu'elle. Mademoiselle Lucile
fait monter tout cela dans sa chambre, et les voilà
qui jasent ensemble jusqu'à minuit. Et le lendemain
c'est bien pis encore, il vient des enfants de toute
espèce ; mademoiselle les installe au salon ; je veux
aller voir de quoi il retourne, elle me ferme la porte
au nez en me disant que ces choses-là ne sont pas de
ma compétence, et que je suis trop vieille pour être
des leurs. Et puis les voilà qui font toutes ensemble
un tintamarre épouvantable, au lieu de prier Dieu
et de s'aller coucher comme d'honnêtes filles ; et
tous les soirs c'est la même chose, on se rassemble,
on s'enferme ; alors ce sont des cris, des chants, des
huées, des pleurs, des éclats de rire, on dirait des
chats qui miaulent, des ânes qui braient, des renards qui glapissent, et puis un tintement de sonnette qui n'en finit plus : ce serait à faire songer au
sabbat, si M. le curé n'avait pas défendu d'y croire.

EMMA.

Ne vois-tu pas, ma bonne, que ces enfants se
réunissent pour jouer à quelque jeu bruyant, aux
charades peut-être.

CUNÉGONDE.

Ah ! b'en oui ! comme si je ne savais pas ce que
c'est que les charades, pour vous y avoir vu jouer cent
fois. On fait du tapage, on met la maison sens dessus
dessous, ce qui n'est pas agréable, c'est vrai ; mais
on ne s'enferme pas à double tour, le lendemain

on reprend son travail, et on n'en est pas moins bonne fille et moins raisonnable, tandis que toutes ces petites que mademoiselle Lucile rassemble, deviennent tous les jours plus paresseuses et plus désobéissantes. Tenez, Mademoiselle, vous êtes certainement bien aimable, mais à vous parler franchement vous avez un grand défaut, c'est celui de ne trouver jamais que les autres font mal, et d'être beaucoup trop indulgente pour tout le monde.

EMMA.

Mais, ma bonne...

CUNÉGONDE.

Laissez-moi vous dire tout ce que j'ai sur le cœur. Depuis cette belle invention de mademoiselle Lucile, Rosette, la fille du jardinier, néglige ses salades et ne veut plus soigner son petit frère ; Thérèse déserte l'école, la petite à Mathurin répond des impertinences à sa grand'mère, et Nannette elle-même, Nannette, mon élève et la vôtre, Nannette, que je destinais avec complaisance à l'honneur de me remplacer un jour, Nannette, la fille de Michel, mon filleul, se livre à la paresse et ne me monte plus mon café au lait le matin.

EMMA, en souriant.

Voilà qui commence à devenir sérieux.

CUNÉGONDE.

N'est-ce pas ? Aussi tous les parents se plaignent-ils de leurs filles, il faut entendre ! Thérèse par-ci, Françoise par-là, c'est un concert à fendre le cœur.

Tenez, Mademoiselle, M. le curé disait l'autre jour au prône que tout arbre qui est bon produit de bon fruit, et que tout arbre qui est mauvais produit de mauvais fruit, de sorte qu'on peut juger l'arbre à son fruit ; et moi je juge qu'un jeu qui rend les jeunes filles désobéissantes, paresseuses et impertinentes est un jeu fort dangereux ; en admettant même que ce ne soit qu'un jeu, comme vous voulez bien le croire ; mais mademoiselle Lucile n'a pas l'air de jouer du tout, je vous assure ; elle est même très-sérieuse pour une jeune fille de son âge, excepté quand elle se moque de moi, par exemple.

EMMA.

Ainsi, selon vous, ma bonne, ce ne serait pas pour s'amuser que ma cousine et ses compagnes passeraient toutes leurs soirées à miauler comme des chats, à hurler comme des loups, à glapir comme des renards, sans parler du tintement continuel des sonnettes?

CUNÉGONDE.

A vous dire vrai, Mademoiselle, je ne sais qu'en penser, il y a certainement là-dessous quelque mystère épouvantable que je tremble de découvrir, et que je grille d'envie de connaître. J'ai déjà interrogé Nannette et plusieurs autres des coupables, mais elles ont fait plus ou moins les sournoises et ce qu'elles m'ont répété est si peu clair que je n'y ai rien compris, et si j'osais dire tout ce que j'imagine....

SCÈNE V.

EMMA, CUNÉGONDE, NANNETTE.

NANNETTE.

Ah ! mon Dieu, je n'en puis plus, je suis toute je ne sais comment !

EMMA.

Qu'est-ce donc, Nannette ?

CUNÉGONDE.

Qu'arrive-t-il encore ?

NANNETTE.

Un homme qui demande mademoiselle, mais un homme qui n'est pas fait comme les autres hommes, et à vrai dire, je ne sais pas même si c'est un homme, car je n'ai vu que le bout de son nez ; tout le reste était couvert par une espèce d'étui noir avec quelque chose de rouge et de doré par-ci par-là, puis un capuchon qui enveloppait toute la tête, mais des pieds !.... des pieds comme tout le monde, par exemple, car j'ai eu la présence d'esprit de m'assurer tout de suite que les pieds n'étaient pas fourchus, à cause de l'habillement noir et rouge qui m'avait donné quelque idée que ça pouvait être Satan en personne.

EMMA.

En finirez-vous avec vos enfantillages ? Que vous a-t-il dit enfin ?

NANNETTE.

Il était couché sous un arbre presque à la grille du parc, comme quelqu'un qui n'a pas la force de bouger ni pied ni patte. Moi, je m'en allais tranquillement à ma besogne, ne pensant à rien du tout, lorsque je m'entends appeler à demi-voix :

— Petite ! petite !

Je ressaute de surprise et de frayeur, je n'avais pas encore vu le personnage.

— Vas avertir madame de Linières qu'un de ses amis demande à lui parler en particulier ?

EMMA.

Que lui as-tu répondu ?

NANNETTE.

Que madame n'est pas de retour, que mademoiselle venait d'arriver.

— Eh ! bien, prie mademoiselle de venir seule jusqu'ici, a-t-il dit en poussant un grand soupir.

Là-dessus j'ai pris mes jambes à mon cou, j'ai couru de toutes mes forces et me voici.

EMMA.

Il me demande, dis-tu ?

NANNETTE.

Oui, Mamzelle, mais vous n'irez point, car qui sait ce qu'il vous veut, cet être-là ? Certainement ce n'est pas le diable puisqu'il n'a pas les pieds fourchus, mais ça pourrait être un voleur ou quelque chose de pis.

EMMA.

Un indigent peut-être, un voyageur malade, qui demande l'hospitalité. J'y cours tout de suite.

CUNÉGONDE.

N'allez donc pas si vite, je vais avec vous.

EMMA.

Non, non, puisqu'il désire me voir seule, restez là, ma bonne, je reviens dans un instant.

SCÈNE VI.

CUNÉGONDE, NANNETTE.

CUNÉGONDE.

Allons ! mademoiselle Emma fait comme les autres, elle n'écoute plus la pauvre Cunégonde. Ah ! la jeunesse d'aujourd'hui ! la jeunesse d'aujourd'hui !....

NANNETTE.

Dites donc ! est-ce que vous vous plaignez aussi de mamzelle Emma, mame Cunégonde ? c'est avoir bonne envie, par exemple !

CUNÉGONDE.

Non, je ne me plains pas de Mlle Emma, à qui je voudrais te voir ressembler tant soit peu, ma pauvre Nannette, ne serait-ce qu'en laid, vois-tu !

NANNETTE.

Tiens ! est-ce que je puis avoir l'air d'une demoiselle ?

CUNÉGONDE.

Non, mais tu pourrais devenir sage, modeste et laborieuse, comme cette bonne Emma.

NANNETTE.

Et qui sermonneriez-vous alors, mame Cunégonde? ça vous rendrait malade, croyez-moi, de n'avoir plus personne à gronder.

CUNÉGONDE.

Bah ! est-ce qu'il manque de gens dans la maison ? et d'ailleurs je ne sais pas pourquoi vous me répondez de la sorte ; vous devenez insolente, Nannette, c'était bien assez d'être paresseuse au point de rester au lit jusqu'à neuf heures, comme aujourd'hui.

NANNETTE.

Pour une fois que cela est arrivé !

CUNÉGONDE.

Mademoiselle Emma se lève toujours de bonne heure, elle fait sa prière et se met à l'ouvrage, puis elle accompagne sa grand'mère à la messe, surveille le ménage, donne des leçons à ses jeunes sœurs, et avec tout cela un si bon caractère ! toujours douce, toujours joyeuse, charitable pour les pauvres, il faut voir ! c'est comme cela que Mme la comtesse avait élevé sa fille, cette pauvre Mme d'Arceau, qui est morte si jeune.

NANNETTE.

Et M. de Linières, le père de Mlle Emma et de ses sœurs, est donc mort aussi ?

CUNÉGONDE.

Hélas! oui, il y a dix ans de cela et sa jeune femme ne lui a guère survécu. Ma pauvre maîtresse a eu de grands chagrins dans sa vie, j'en sais quelque chose, moi, qui ai toujours été honorée de sa confiance ; heureusement madame est pieuse comme un ange : elle a bien souffert, bien pleuré, mais sa piété l'a soutenue, elle s'est résignée à la volonté de Dieu, elle a vécu pour soigner ses petites filles ; car vois-tu, Nannette, la piété seule peut nous donner la force de survivre à ceux qu'on aime tout en continuant à les pleurer. Mais, pour être vraiment pieux, il faut remplir tous ses devoirs, il faut obéir à ses supérieurs, et en particulier à la marraine de son père.

UNE VOIX en dehors.

Nannette ! Nannette !

NANNETTE.

On m'appelle, mame Cunégonde.

CUNÉGONDE.

Tu te trompes, je n'ai rien entendu.

NANNETTE.

Dame ! c'est que vous avez l'oreille un peu dure.

CUNÉGONDE.

Non pas, non pas, s'il vous plaît, car je suis toujours la première à avertir lorsque madame sonne ; mais vous voudriez m'échapper, Nannette, parce que vous n'aimez pas qu'on vous fasse de la morale, quoique vous en ayez grand besoin.

NANNETTE.

Quelle idée, mame Cunégonde !

VOIX en dehors.

Nannette ! Nannette !

NANNETTE.

Là, entendez-vous maintenant ? C'est mamzelle Lucile, j'y cours tout de suite.

SCÈNE VII.
CUNÉGONDE.

Allons ! voilà toutes mes peines perdues, les discours de Lucile lui plaisent davantage que mes remontrances ; cette pauvre Nannette risque de devenir folle tout à fait, à moins que mademoiselle Emma n'y mette bon ordre. Mais que fait-elle, cette chère Emma, avec cet étranger à l'étui noir, comme dit Nannette ? Voilà bien longtemps qu'elle est sortie, ce me semble, et la grille du parc est si près du château qu'elle devrait être déjà de retour. Que pouvait lui vouloir cet homme à tournure étrange ?.... Je n'aurais pas dû laisser sortir ainsi cette chère petite ; nous vivons dans un temps où l'on ne saurait avoir trop de prudence.... On ne peut plus se fier à personne maintenant, et tel qui se présente comme un ami, peut être un espion ou un assassin. S'il allait arriver malheur à mademoiselle Emma ! ah j'aurais dû affronter ce danger à sa place : moi, je suis vieille, j'ai moins à risquer.

SCÈNE VIII.

EMMA, CUNÉGONDE.

CUNÉGONDE.

Dieu soit béni ! vous voilà, Mademoiselle, je commençais à être en peine sur votre compte.... Mais comme vous êtes pâle et tremblante !.... Pour l'amour du ciel, que vous est-il donc arrivé ? Où est l'étranger ? que vous voulait-il ?

EMMA.

De grâce, ma bonne, ne m'interrogez point, je ne puis pas vous répondre.

CUNÉGONDE.

Encore un mystère ! Dans quel siècle vivons-nous ! Je vous avais bien dit de me laisser aller à votre place. Vous faut-il du tilleul, du thé, de l'eau de fleur d'orange ?

EMMA.

Rien de tout cela, ma chère bonne, seulement allez dire à Baptiste de préparer la voiture et de porter de suite à ma grand'mère une lettre que je vais écrire. Si Nannette vous interroge sur l'inconnu, dont elle avait fait un portrait si exagéré, dites-lui qu'il voulait me donner des nouvelles d'un ami de la famille, et que le fameux étui noir à capuchon était tout simplement un caban doublé de rouge, comme en portent la plupart des officiers d'Afrique.

CUNÉGONDE.

Est-ce tout ?

EMMA.

Non, ma bonne, voici la clef de mon cabinet, montez-y de suite, sans que personne s'en aperçoive ; une bouteille de vin de Bordeaux, une tasse de bouillon et une aile de poulet ; allumez vous-même un peu de feu dans la cheminée ; c'est tout ce qu'il faut pour le moment.

CUNÉGONDE.

Mais, Mademoiselle, pour qui donc tous ces préparatifs ! si c'est pour déjeuner seule et plus commodément que dans la salle à manger, je vais préparer tout cela dans votre chambre, vous y serez beaucoup mieux que dans le cabinet.

EMMA.

Non, que ce soit dans le cabinet, je vous prie.

CUNÉGONDE.

Je ferai tout ce que Mademoiselle voudra, mais il me semble qu'elle pourrait bien me dire, à moi, sa vieille bonne....

EMMA.

Hélas ! non, et croyez qu'il faut que j'aie de grandes raisons pour en agir de la sorte à votre égard.

CUNÉGONDE.

Que dois-je penser de tout cela ?... Allons ! vous êtes une jeune fille sage et raisonnable, et je vais vous obéir.

EMMA.

Encore un mot, ma chère Cunégonde, ne cherchez pas à pénétrer dans ma chambre ni à voir ce qui s'y passe, et ne parlez à personne de tout ceci, pas même à mes sœurs et encore moins à ma cousine.

CUNÉGONDE.

Et à madame, quand elle viendra?

EMMA.

Ah! je n'ai point de secret pour ma grand'mère; mais allez donc, de grâce!

SCÈNE IX.

EMMA.

O mon Dieu! puisque vous avez permis que ma grand'mère soit absente, donnez-moi le courage et la prudence qui me sont nécessaires pour la remplacer dans une circonstance si délicate!

Pourvu que personne ne l'ait vu s'introduire dans ma chambre!..... Pourvu qu'il y soit en sûreté!.... Comment faire pour éloigner de là mes jeunes sœurs, qui ont l'habitude d'entrer chez moi à tous les moments du jour!... Où pouvais-je le cacher cependant! au grenier à foin, à la cave peut-être!.... mais dans l'état de faiblesse où il se trouve, un bon lit, une chambre chaude et commode ne lui sont-ils pas absolument nécessaires? Et comment vais-je faire tout à l'heure pour panser seule sa blessure! S'il avait permis que j'appelasse un médecin, ou tout au moins que je misse Cunégonde dans le secret ! mais il est fortement compromis, la plus légère indiscrétion pourrait le perdre !..... Je dois me taire et faire de mon mieux, le ciel me viendra en aide, il n'abandonne jamais ceux qui ont recours à lui..... Je crains que mon pauvre oncle n'ait la fièvre, et cependant il veut manger pour réparer ses forces, qui sait si ces aliments ne lui seront point contraires !.... Mon Dieu, suppléez à mon inexpérience, faites-moi la grâce d'être utile à ce cher malade, de le rendre à la santé, de le soustraire à tous les périls !.... Cette nuit je ne me coucherai point, je veillerai dans le cabinet pour être à portée d'accourir à sa moindre plainte; je prierai Dieu pour sa guérison, et demain je serai sauvée, car ma bonne maman sera de retour !.... Mais que les heures vont me paraître longues jusque-là ! Maintenant remontons près de lui, il doit avoir eu le temps de se mettre au lit.

FIN DU PREMIER ACTE.

ACTE DEUXIÈME.

SCÈNE PREMIÈRE.

LUCILE.

Elle est assise devant un guéridon, le coude posé sur la table, la tête appuyée sur sa main ; devant elle plusieurs journaux, des papiers, un encrier et des plumes.

LUCILE, se frappant le front.

J'ai beau chercher, ça ne vient point. Les idées ne me manquent pas, Dieu merci, mais c'est plus difficile que je ne pensais de faire une proclamation en vers.... Cela ferait bon effet cependant, ce serait sortir de l'ornière des proclamations, s'élever au-dessus du vulgaire... Essayons encore.

Éveillez-vous, jeunes Françaises,
La liberté vous tend les bras,
Plus d'entraves, plus...

C'est singulier ! j'ai trouvé les deux premiers vers tout de suite, et je ne puis pas faire les autres.

Éveillez-vous, jeunes Françaises,
La liberté vous tend les bras,

Je suis fort contente de ce début, c'est noble et grandiose, et j'aurais de la peine à renoncer à cette idée.

> Éveillez-vous, jeunes Françaises,
> La liberté vous tend les bras,

Il me semble voir la liberté, une grande femme coiffée d'un bonnet phrygien comme la statue qui est sur la place, mais plus belle par exemple, infiniment plus belle, ce qui n'est pas beaucoup dire encore ; et puis des milliers de jeunes filles vêtues en amazones.... ou en cantinières, peut-être ?.... oui en cantinières, c'est plus moderne ; et toutes ces jeunes filles se précipitent dans les bras de la Liberté comme pour lui demander aide et protection..... On pourrait aisément faire un tableau là-dessus ; mais quant à ma proclamation en vers, c'est bien autrement difficile. Il s'agit de trouver une rime à Française.... Française.... Française.... qu'est-ce qui rime avec Française ? Voyons un peu.... j'ai beau chercher, je ne trouve que Nicaise... ou bien encore... c'est cela niaise... niaise.... mais ça ne peut pas aller ; il y a là de la rime mais pas de raison.... c'est désespérant. (Elle donne sur la table un grand coup de poing qui ébranle l'écritoire et fait rejaillir l'encre de toute part.)

Allons ! me voici dans un bel état, ma pauvre robe toute neuve ! moi, qui avais tant soigné ma toilette aujourd'hui ! Eh, bien ! n'importe, une fille forte ne doit reculer ni devant les baïonnettes ennemies ni devant les taches d'encre, je saurai souffrir les taches d'encre pour la liberté et mourir pour elle, s'il le faut....

SCÈNE II.

LUCILE, ROSETTE, costume de jeune paysanne bretonne.

ROSETTE.

Mamzelle Lucile... (se reprenant:) Citoyenne Cornélie, veux-je dire.

LUCILE.

Oui, Cornélie; c'est ainsi que je veux qu'on m'appelle désormais; c'était le nom d'une illustre Romaine, mère des Gracques, et j'adore les Romaines, moi. Sais-tu ce que c'est qu'une Romaine, Rosette?

ROSETTE.

Parbleu! je le crois bien! il n'y en a que trop dans le jardin, puisqu'il me faut une grande heure pour les arroser chaque jour.

LUCILE.

Imbécile que tu es! crois-tu donc que je te parle de tes salades?

ROSETTE.

Dame! Mamzelle, vous avez dit des romaines?

LUCILE.

Les Romaines dont il est question étaient les femmes des Romains, des femmes fortes, et je veux un nom romain, parce que je suis une femme forte, vois-tu?

ROSETTE.

Vous, Mamzelle? je ne m'en serais pas doutée,

par exemple: vous avez des mains et des pieds pas plus gros que ça, des bras d'enfant, et une petite taille si mince, si mince...

LUCILE.

Sotte que tu es! comme si la force se trouvait dans la taille ou dans les bras?

ROSETTE.

Tiens! où se trouve-t-elle donc, s'il vous plaît, citoyenne?

LUCILE, avec emphase.

Dans la tête et dans le cœur.

ROSETTE.

Par exemple! je ne me serais pas doutée de cela, attendu que c'est toujours sur les bras que je porte mon petit frère, qui est déjà bien lourd pour un enfant de six mois, et que c'est avec la main que mon père m'a allongé tout à l'heure une taloche qui m'a fait voir trente-six mille chandelles : regardez plutôt, j'en ai encore la joue rouge.

LUCILE.

Pauvre créature, injustement tyrannisée ! mais sois tranquille, Rosette, je changerai cet état de choses, je vous tirerai toutes de l'esclavage dans lequel vous languissez: les filles ne seront plus assujetties à leurs pères désormais, ni à leurs mères non plus; c'est pour atteindre un si noble but que je travaille nuit et jour.

ROSETTE.

Vraiment, Mamzelle, vous avez bien raison; le

fait est que c'est ridicule que les pères puissent donner des taloches à leurs filles, sous prétexte qu'elles sont paresseuses ou impertinentes ; il faut changer tout cela, comme vous dites fort bien ; mais dépêchez-vous, s'il vous plaît, car je ne sais pas pourquoi, depuis quinze jours mon père et ma mère trouvent toujours à redire... C'est peut-être parce que je travaille plus guère... mais enfin je dois être libre, n'est-ce pas ?

LUCILE.

Certainement, et je me charge d'en parler à ton père.

ROSETTE.

Mamzelle est bien bonne, mais je crois que c'est inutile, parce que c'est une idée qu'il a comme ça qu'il faut que les filles travaillent et obéissent, et, quand mon père a quelque chose dans la tête, il ne l'a pas aux pieds, comme on dit.

LUCILE.

Je trouverai bien moyen de lui faire entendre raison, ma petite ; en attendant, pour te dédommager de toutes tes souffrances et te donner une preuve du grand intérêt que je te porte, je veux aussi t'octroyer un nom romain. Je te crois digne de le porter, car tu as de l'énergie dans le caractère. Choisis donc entre Saturnina, Sabbatia, Rusticiana, Januaria ; ou bien encore Euspich, Aréthuse, Agrippine, Lucrèce. Les deux derniers sont très-célèbres, je t'en avertis ; l'une était une impératrice romaine, un peu méchante à la vérité ;

mais Lucrèce était une grande dame, jeune, riche et jolie, qui s'est tuée elle-même d'un coup de poignard pour se venger d'un vilain homme, qui lui avait fait faire une mauvaise action.

ROSETTE.

Bien obligée ! voilà une belle vengeance qu'elle a trouvée là ! Tenez, Mamzelle, tout bien réfléchi, j'aime autant mon nom de Rosette que toutes vos Asperga, Carotta, Pernica, c'est trop difficile à dire, et je ne connais point de saintes de ce nom, tandis que Rosette vient de Rose, ma patronne, qui est maintenant dans le ciel, et qui était autrefois sur la terre une jeune fille, si bonne, si bonne, qu'elle donnait tout son bien aux pauvres ; et Dieu permit un jour que les vivres qu'elle leur portait se changeassent en belles fleurs pour montrer combien la charité de sainte Rose lui était agréable. C'est une jolie histoire, allez, et qui vous amuserait bien, si j'avais le temps de vous la dire tout entière ; mais maintenant il faut que je retourne à la maison ; donnez-moi vite ce petit papier que vous m'avez dit que je devais porter aux autres... la permission, vous savez ?

LUCILE.

La proclamation, tu veux dire ?

ROSETTE.

C'est cela même, j'avais oublié le vrai nom.

LUCILE.

Hélas ! tu réveilles toutes mes douleurs ; je n'ai

pas eu le temps d'achever cette pièce d'éloquence, mais j'y travaillerai toute la nuit prochaine, et la postérité ne sera pas privée de ce chef-d'œuvre. Écoute, ma chère Rosette, puisque tu tiens encore à ce nom vulgaire, va dire aux citoyennes mes sœurs que leur honorable présidente se trouve obligée de les réunir avant l'heure accoutumée, afin d'avoir le temps d'écrire ce soir, car les ténèbres de la nuit éclairent les yeux de l'esprit et activent le génie, comme les ondes de la mer activaient le feu grégeois. Dis-leur donc que je les attends à cinq heures précises... Et que personne ne s'avise de manquer au rendez-vous, nous avons à traiter de matières fort importantes.

ROSETTE.

J'y vais tout de suite, Mamzelle.

SCÈNE III.

LUCILE.

Il est incroyable qu'on éprouve tant de peine à faire un peu de bien, à organiser quelque chose pour le bonheur de l'humanité féminine ; car enfin Rosette est certainement une des petites filles les plus intelligentes de ce pays, et que d'ignorance dans cet esprit ! que d'erreurs à combattre ! que de préjugés à déraciner ! on dirait que toutes ces pauvres victimes de la tyrannie de leurs parents chérissent leur esclavage, par cela seul que leur père et mère les ont mis au monde et qu'ils les nourrissent et les habillent le mieux qu'ils peuvent. Odieux effet de l'habitude ! il n'y a ici que Palmyre Vaudreuil et Fifine Tournon qui désirent véritablement s'émanciper, et qui soient capables de me comprendre. Et encore ces deux-là ne me comprennent-elles pas du tout ; elles prennent de grands airs, et, sous prétexte qu'elles ont été en pension et qu'elles savent un peu d'histoire, elles voudraient commander quelquefois... C'est fort gênant pour une présidente, mais j'ai besoin de leur concours, je dois me sacrifier au bien public et devenir l'héroïne de la liberté. Oui, je veux être célèbre, je veux que mon nom retentisse avec éclat d'un bout du pôle à l'autre, de l'Inde à l'Hellespont, du Caucase au Mexique, de Paris à Pékin, et que l'on dise dans le monde entier : Si les citoyens tels et tels ont fondé la république, si Mme Niboyet a organisé le club des femmes dans le but glorieux de les délivrer du joug tyrannique de leurs maris, c'est Lucile d'Arceau, qui, la première, a eu l'insigne honneur d'émanciper les jeunes filles.

SCÈNE IV.

LUCILE, HENRIETTE, BERTHE.

LUCILE.

Bonjour, ma chère cousine, que je suis heureuse de vous voir ! (Elles s'embrassent toutes trois.)

BERTHE.

Et moi donc ! ma cousine depuis que nous vous savions à Linières, nous mourions d'envie d'y retourner, et si, ma bonne maman n'avait pas eu des affaires si importantes à Paris, elles nous aurait ramenées tout de suite en voyant notre impatience.

LUCILE.

Je suis bien contente aussi, je vous assure ; j'ai de grands projets sur vous, mes chères cousines.

HENRIETTE.

Vous avez des projets sur nous ! quel bonheur ! je suis sûre que je vous devine et que nous avons la même pensée, elle m'est venue tout de suite lorsque j'ai su que vous étiez ici... Mais avez-vous vu ma sœur Emma ?

LUCILE.

Cinq minutes au plus, elle paraissait si préoccupée que je n'ai pas osé la mettre dans ma confidence ; mais, comme elle m'a dit que ma grand'-mère ne serait de retour que demain, j'ai conclu de là que nous devions mettre ce temps à profit.

HENRIETTE.

Précisément, c'est aussi mon intention, mais dites-moi, avez-vous déjà quelque idée là-dessus ?

LUCILE.

Je le crois bien, les idées, c'est mon fort ; mais j'ai plus que des idées, ma chère, il y a déjà un grand commencement d'exécution, et nous avons discuté beaucoup de sujets très-importants.

BERTHE.

Discuté ! et avec qui donc, ma cousine ?

LUCILE.

Avec Palmyre Vaudreuil et Fifine Tournon ; elles ne manquent pas de zèle, mais ce sont de petites personnes très-capricieuses et fort entêtées, je vous en avertis.

HENRIETTE.

Comment ! vous connaissez mesdemoiselles Vaudreuil et Tournon ! elles doivent jouer un rôle dans notre pièce ! (Tristement.) Je crains que ma bonne maman n'en soit pas très-satisfaite.

LUCILE.

Bonne maman n'a rien à voir dans tout cela.

BERTHE.

Que dites-vous donc ? ma chère amie ?

LUCILE.

Je pense seulement qu'il nous faudra peut-être choisir un autre lieu de réunion lorsqu'elle sera de retour, louer une chambre dans le village, par exemple.

HENRIETTE.

Pour les répétitions, vous voulez dire ? Oh ! cela n'est pas nécessaire, ma sœur nous prêtera la sienne, qui est vaste et très-éloignée du salon, de sorte que grand'maman ne se doutera de rien, et Emma est si bonne et si adroite qu'elle nous aidera beaucoup pour les costumes.

LUCILE.

Le costume est fort essentiel, et précisément nous devons nous en occuper aujourd'hui ; mais de quelle répétition voulez-vous parler, je vous prie ?

BERTHE.

De celles qui sont absolument nécessaires pour nous exercer à jouer avec ensemble.

LUCILE.

Je commence à croire que nous ne nous comprenons pas.

HENRIETTE.

Comment cela? Voyons, ma cousine, votre intention n'est-elle pas de jouer un petit drame moral pour la fête de votre bonne grand'maman?

LUCILE.

Moi! jouer la comédie!

HENRIETTE.

Vous vous en acquittiez si bien autrefois! Vous rappelez-vous avec quel succès vous remplîtes le rôle de Lolotte dans la *Magicienne?* Vous n'aviez que dix-huit ans alors, et cependant vous fûtes la reine de la fête, on vous applaudit si fort que n'étant encore qu'une toute petite fille dont le jugement n'était pas formé, vous devîntes comme folle de joie, et vous ne faisiez plus que déclamer du matin au soir, disant que vous vouliez vous faire actrice, ce qui vous valut quelques remontrances de la part de bonne maman et d'Emma, et beaucoup de railleries de la mienne, car j'avais alors le vilain défaut d'être fort moqueuse. Vous voyez, ma chère, que je n'oublie rien du peu de temps que nous avons passé ensemble.

LUCILE.

Je me rappelle maintenant cette circonstance, mais alors j'étais encore une enfant, incapable de pensées graves et profondes.

HENRIETTE, riant.

Oh! soyez tranquille, ma chère, je ne vous soupçonne pas d'avoir persisté dans un projet si absurde, mais j'ai cru que vous emploieriez votre talent pour amuser ma grand'mère par la représentation d'une petite pièce de Berquin, et nous étions toutes prêtes à vous seconder, ma sœur et moi.

LUCILE.

Merci de vos bonnes intentions, mes chères cousines, mais des travaux importants, qui consumeront sans doute ma vie entière, ne me laissent pas le loisir de m'occuper de jeux frivoles ; votre coopération peut cependant me devenir d'un grand secours.

HENRIETTE.

Je ne vous comprends pas, Lucile: expliquez-vous plus clairement, je vous en prie.

SCÈNE V.

Les Précédentes, EMMA.

EMMA.

Je vous cherchais, ma bonne petite cousine, car j'ai à peine eu le temps de vous embrasser tout à l'heure, et il me tardait de vous revoir. Comment vous trouvez-vous ici ?

LUCILE.

Assez bien, ma cousine ; certainement Linières n'est pas un Paris, mais avec un peu de bonne volonté on trouve encore à employer le temps utilement.

EMMA, à part.

Elle paraît fort raisonnable ; que disait donc Cunégonde? (Haut.) Nous ferons tout notre possible pour vous distraire et vous amuser, et nous nous estimerions heureuses d'y parvenir.

LUCILE.

Ah ! je n'ai pas besoin de distraction dans ce moment : jamais je n'avais été si occupée, et j'ai peur de n'avoir point terminé ma tâche lorsque papa viendra me reprendre.

EMMA, à part.

Pauvre enfant ! elle ignore la cruelle position de son père !

LUCILE.

J'étais en train de mettre Henriette et Berthe dans mes confidences.

EMMA.

Eh bien ! que je n'interrompe point vos douces causeries ; excusez-moi seulement de n'y pas prendre part dans ce moment.

BERTHE.

Qu'as-tu donc, ma bonne sœur? tu parais toute triste. Serais-tu malade aujourd'hui ?

EMMA.

Non, non, ma chérie, ne te mets pas en peine de moi, je suis seulement un peu préoccupée ; lorsqu'on a été trois semaines absente, il y a toujours beaucoup à faire en rentrant à la maison, et je voudrais que ma bonne maman trouvât tout en ordre.

BERTHE.

Quoi ! tu nous quittes déjà, ma chère sœur ?

EMMA.

Je reviendrai bientôt. (A part en s'en allant.) Il dormait tout à l'heure, mais de quel sommeil, grand Dieu !... et cette blessure, comme elle est large et profonde !... Il faut que j'aille chercher du vieux linge pour faire de la charpie.

SCÈNE VI.

LUCILE, HENRIETTE, BERTHE.

LUCILE.

Je vous disais donc, mes chères cousines, qu'une pensée profonde, sublime même, germait depuis bien longtemps, depuis trois semaines au moins, au fond de mon esprit ; jamais jeune fille, je crois, ne forma de projet plus vaste que le mien. Il ne s'agit ici ni de créer un journal de mode, ni d'imaginer une coiffure nouvelle ; mais de régénérer la jeunesse féminine tout entière : m'entendez-vous maintenant ?

HENRIETTE.

Je suis bien sotte sans doute, mais je ne vous comprends pas encore.

LUCILE.

Comment vous ne comprenez pas que nous autres jeunes filles, tyrannisées par nos parents, par nos maîtresses de pension, par l'univers entier...

HENRIETTE.

Ah ! ma pauvre Lucile, moi qui vous croyais si heureuse, parce qu'on nous avait dit que votre père était très-bon pour vous, et qu'il vous aimait tendrement !

LUCILE.

Qui vous parle de mon père ? mon père est excellent, trop bon même, il faut le dire.

BERTHE.

Et ma bonne maman n'est-elle pas excellente aussi ? Je vous assure, Lucile, qu'il est impossible d'être élevées plus doucement que nous le sommes.

LUCILE.

Ce qui n'empêche pas que vous n'êtes point libres de vos actions !

HENRIETTE.

Vous vous trompez, ma chère, nous avons toute la liberté que nous pouvons désirer. Une fois l'heure de la récréation venue, nous courons dans le parc, nous arrosons les fleurs de notre jardin,

nous travaillons pour les pauvres, jamais grand'-
maman ne nous a grondées pour cela.

LUCILE.

Mais s'il vous prenait la fantaisie de partir pour
Pékin, par exemple, pour les Indes occidentales ou
pour le grand désert de Sahara, seriez-vous libres
de vous mettre en route à l'instant même ?

HENRIETTE.

Et que voulez-vous que nous allions faire à Pékin
ou dans les sables du Sahara, estropier nos pieds
pour nous donner une tournure chinoise, ou nous
faire dévorer par les lions du désert ?

BERTHE.

Nous n'avons nulle envie de quitter grand'maman, je vous assure.

LUCILE.

Ainsi donc vous êtes contentes de votre sort ?

BERTHE.

Très-certainement, ma chère.

LUCILE.

Vous ne désirez rien ici-bas ?

BERTHE.

Pardonnez-moi, j'ai envie d'avoir dix-huit ans et
d'être bonne et aimable comme Emma qu'on nous
donne toujours pour modèle, afin de faire comme
elle la consolation de ma bonne maman.

HENRIETTE.

Et moi, je désire de plus avoir un piano tout neuf et une maîtresse de chant, et puis encore des laines de toutes les nuances et de jolis dessins de tapisserie : j'aime tant à faire de la tapisserie.

LUCILE, d'un ton dédaigneux.

Vous n'avez jamais élevé plus haut vos vœux et vos pensées ?

BERTHE.

Nous désirons par-dessus tout d'aller au ciel un jour, afin d'être heureuses pendant l'éternité tout entière ; trouverez-vous aussi que c'est peu de chose ?

LUCILE.

Ne parlons que de ce monde. Vous conviendrez bien au moins que si vous êtes satisfaites, ce dont je vous fais mon sincère compliment, les filles de vos fermiers ne le sont certainement pas.

BERTHE.

Et pourquoi ne le seraient-elles pas ?

LUCILE.

Parce qu'il leur faut travailler du matin au soir, obéir à des parents durs et sévères.

BERTHE.

Le travail n'est-il pas un devoir pour tous les hommes, et ne procure-t-il pas encore plus de plaisir que de peine ? et, quant aux parents, je n'en ai jamais connu qui n'aimassent pas leurs enfants, lorsqu'ils étaient sages et respectueux.

LUCILE, d'un ton ironique et avec vivacité.

Allons, je suis bien aise d'apprendre que tout va pour le mieux dans le meilleur des mondes, qu'il n'y a que des gens heureux sur la terre, et que tous les philosophes de nos jours qui travaillent à améliorer la condition humaine ne sont que des fous ou des imbéciles.

BERTHE.

Ne vous fâchez pas, ma bonne amie, je crois que nous allons enfin nous comprendre, car nous ne savons que trop qu'il y a bien des malheureux ici-bas, beaucoup de gens qui pleurent, beaucoup de pauvres et d'infirmes qui manquent du nécessaire, que c'est le devoir de tout chrétien de travailler à soulager ces misères, à essuyer ces larmes, et si c'est là le but que vous vous proposez, comme je commence à l'entrevoir, nous vous demandons pardon, ma sœur et moi, de ne pas l'avoir deviné plus tôt, et nous sommes prêtes à vous seconder, de tout notre pouvoir ; nous joindrons nos petites économies aux vôtres, nous vous indiquerons tous les pauvres du pays, que nous connaissons fort bien, car nous les visitons souvent avec ma bonne grand'-maman, nous leur distribuerons de la viande et du pain, nous leur ferons des vêtements. Oh! le bon, le noble projet, ma cousine!

LUCILE.

Oui, sans doute, mais ce ne serait là qu'un soulagement passager à des peines simplement matérielles; le projet que j'ai conçu est beaucoup plus *phénoménal*.

BERTHE.

Expliquez-vous, ma cousine, nous vous écoutons avec attention.

LUCILE, avec animation.

Je veux couper le mal dans sa racine, ne pas m'arrêter aux bagatelles de la porte, je pourrais dire, marcher droit au but, attaquer de front le plus grand fléau de la jeunesse féminine : la tyrannie ; lui procurer tout de suite le plus grand bien de ce monde : la liberté ; et pour cela, de même que les hommes ont imaginé de se réunir pour discuter chaudement les intérêts de l'humanité, de même que quelques femmes célèbres s'occupent de ceux de la *fémininité*, il était juste et équitable, ce me semble, de penser à ceux de la *jeunessinité*, mot nouveau dont je veux enrichir le vocabulaire, en compagnie de plusieurs autres. Je veux donc établir des clubs de jeunes filles dans tous les pays de France et même du monde entier, voilà tout mon secret, vous en savez autant que moi maintenant.

HENRIETTE.

Vous voulez rire, ma cousine.

LUCILE.

Pas le moins du monde ; je suis devenue très-grave depuis que je m'adonne à l'étude de la politique et de la philosophie.

HENRIETTE.

Comment! c'est sérieusement que vous voudriez que les jeunes filles....

LUCILE.

Très-sérieusement, je vous assure ; qu'y a-t-il là d'étonnant ? Le but est vaste, immense, incommensurable, j'en conviens ; mais je ne le crois pas au-dessus des forces de mon génie. Il y a plus, depuis quinze jours déjà, je préside chaque soir une assemblée que j'ai nommée le club universel, parce qu'il est destiné à devenir la source et le type de tous les autres. Nous y avons déjà résolu plusieurs questions de la plus haute importance, qui doivent jeter un jour éblouissant sur le problème qui nous occupe ; aussi ai-je écrit ces brillants résultats dans tous les coins de la France, dans toutes les parties du monde habité. Chaque matin le courrier emporte quelques lambeaux de prose ou de vers, quelques pièces d'éloquence destinées à répandre la lumière à Londres ou à Stockholm, au Japon ou dans l'Amérique du Sud.

HENRIETTE, en riant.

Notre pauvre facteur doit être bien étonné de pareille chose, jamais sans doute il n'avait vu partir tant de lettres à la fois de notre petit village. Et à qui adressez-vous tout cela ?

LUCILE.

Aux jeunes reines, aux princesses ; cela dépend de l'inspiration du moment. Tenez, ma cousine,

6.

voulez-vous voir un échantillon de mon travail de cette nuit ? (Elle secoue un énorme portefeuille dont il tombe 25 lettres qui se répandent de tous côtés sur le parquet.)

HENRIETTE.

Bon Dieu ! quelle fécondité !

LUCILE.

Malheureusement elles sont toutes cachetées, mais vous pourrez toujours lire les adresses.

HENRIETTE.

(Pendant que Berthe s'empresse de ramasser les lettres, Henriette en prend une entre ses mains et lit la suscription.)

« A la fille du czar, plus noble par les sentiments que par la naissance, à Saint-Pétersbourg. » Voilà une singulière adresse, et, je doute que la lettre parvienne à sa destination. (Elle en prend une autre.) « A la fille la plus sage et la plus spirituelle de Londres. » Mais ceci est une véritable pomme de discorde, ma chère. « A la plus vertueuse des Indiennes. » (A part.) Je commence à croire que ma pauvre cousine n'a pas la tête bien saine.

LUCILE.

Eh bien ! ma chère amie, ne pensez-vous pas que nos affaires sont en bon chemin ? et que mon organisation est assez bien organisée ? Combiner et arranger tout cela en moins de trois semaines, n'est-ce pas *superlatif, mirobolant,* je vous le demande ?

HENRIETTE, en riant.

Pyramidal, supercoquentieux, ébouriffant même.

LUCILE, avec vivacité.

Ainsi donc vous êtes des nôtres ?

HENRIETTE.

Non pas, s'il vous plaît.

LUCILE.

Et pourquoi donc, je vous prie ?

HENRIETTE, vivement.

Parce que, Dieu merci, je ne suis point folle encore. Comment, ma cousine, vous voudriez que de petites créatures comme vous, qui ont déjà quelque peine à se corriger de leurs défauts, à pratiquer la vertu avec les sages avis, les conseils et les exemples de leurs parents, se missent tout à coup non-seulement à se diriger elles-mêmes, mais à diriger, à émanciper les jeunes filles du monde entier ?

LUCILE.

Ainsi vous trouvez mon projet absurde ?

BERTHE.

Mais un peu, ma cousine, si vous voulez qu'on vous parle franchement.

LUCILE.

Et moi, j'imiterai votre franchise, Mesdemoiselles, en vous avouant aussi que je vous trouve très-sottes et très-ignorantes pour des filles de quatorze ans.

HENRIETTE, faisant la révérence.

Grand merci du compliment, madame la présidente du club universel.

LUCILE.

Moquez-vous de moi tant que vous voudrez, Mademoiselle. Socrate, Newton, Christophe Colomb, tous les génies sublimes, trouvèrent aussi des railleurs, ce n'est pas d'aujourd'hui que les roquets aboient après les dogues. Allez tricoter vos bas, arroser vos fleurs ou jouer des drames moraux; j'ai perdu un temps précieux avec vous, je retourne à mes *élucubrations*, allez vous occuper de vos *Berquinades*.

HENRIETTE.

Et vous de vos pasquinades.

SCÈNE VII.

EMMA, LUCILE, HENRIETTE, BERTHE.

EMMA.

Comment, mes bonnes amies, une dispute entre vous?

HENRIETTE.

Si tu savais, ma sœur, toutes les extravagances que ma cousine vient de nous débiter.

LUCILE.

J'ai voulu *déniaiser* un peu ces petites *encroûtées*, développer leur esprit et leur intelligence, mais j'y ai perdu mon latin.

EMMA.

Le meilleur esprit de tous, la plus grande des sagesses, c'est de vivre en parfaite union entre amies, entre sœurs, je puis dire, car des cousines germaines sont presque des sœurs. (Elle regarde Lucile avec une douce compassion et dit à part :) Pauvre enfant ! elle ignore tous les malheurs qui la menacent !

LUCILE, avec beaucoup de vivacité.

Vous qui passez pour sage, dites s'il n'est pas vrai que les jeunes filles sont destinées à de grandes choses ?

EMMA.

Calmez-vous, ma cousine, là-dessus je suis de votre avis.

HENRIETTE.

Comment, ma sœur, tu lui donnes raison !

EMMA.

Et pourquoi pas? n'est-ce pas une grande et noble destinée que celle de connaître et d'aimer Dieu, de soigner nos parents, de les aider dans leurs besoins, de les consoler dans leurs peines ; et, si plus tard on se marie, d'élever ses enfants avec sagesse, d'en faire des hommes d'honneur et de bons chrétiens ?

ROSETTE, dans la coulisse.

Mamzelle Lucile !....

LUCILE.

On m'appelle, le temps me presse, ma cousine. Sans doute nous ne nous comprenons pas encore, mais vous avez trop d'esprit pour ne pas vous élever jusqu'à moi ; dès que j'en aurai le loisir, je vous développerai mon système.

SCÈNE VIII.

EMMA, HENRIETTE, BERTHE.

EMMA, regardant Lucile sortir, dit à part:

Combien le malheur de son père m'intéresse! cette pauvre enfant! puisse-t-elle longtemps ignorer....

HENRIETTE.

Ma sœur, laisse-moi maintenant te raconter tout ce qui vient de se passer entre Lucile et nous.

EMMA.

C'est inutile, ma chère Henriette, j'étais dans la lingerie et j'ai entendu, sans le vouloir, une grande partie de votre conversation.

BERTHE.

Alors tu dois savoir que les torts ne sont pas de notre côté.

EMMA.

Ma bonne petite sœur, Lucile est tout récemment arrivée parmi nous, ne serait-il pas convenable de lui faire, pour ainsi dire, les honneurs de la maison ?

HENRIETTE.

Mais nous ne pouvons cependant pas souffrir qu'elle nous dise des extravagances et des sottises.

EMMA.

La véritable charité souffre beaucoup de choses

sans les approuver ni les croire ; à notre âge, mes amies, ce n'est que par la douceur et les bons exemples que nous pouvons modifier les opinions de nos compagnes.

HENRIETTE.

La douceur !.... c'est bon à dire, mais quand on prend certains airs, quand on vous tient des propos absurdes, quand on vous dit des mots piquants, la patience échappe à la fin.

EMMA.

Et voilà précisément le mal, une parole mordante en attire une autre, une raillerie excite la raillerie, c'est le miroir de la fable.

BERTHE.

C'est elle qui a commencé à nous dire des choses désagréables.

HENRIETTE.

Et, comme elle est notre aînée de cinq ou six mois au moins, c'était à elle à nous donner le bon exemple.

EMMA.

Mes chères amies, vous avez eu le bonheur d'être élevées par votre grand'mère, une des femmes les plus sages et les plus respectables qui soient au monde ; Lucile, au contraire, a, pour ainsi dire, toujours été livrée à elle-même ; car son père, tout en l'aimant avec tendresse, était trop absorbé par ses affaires pour s'occuper sérieusement de l'éducation de sa fille, et les différents professeurs d'histoire, de géographie ou de langues étrangères, qui venaient tour à tour passer une heure auprès d'elle, n'étaient pas chargés de diriger son imagination. Douée d'une âme sensible et généreuse, mais ardente et romanesque, et livrée pour ainsi dire à la mobilité de ses impressions, il serait bien surprenant, presque impossible, que Lucile n'eût pas quelque travers dans l'esprit. A sa place nous serions pires peut-être.

HENRIETTE.

Tu trouves toujours le moyen d'excuser tout le monde, ce qui n'empêche pas que nous, qui nous étions si fort réjouies de l'arrivée de Lucile, espérant avoir en elle une sœur de plus, qui partagerait nos jeux et nos travaux, nous sommes réduites à nous tenir constamment sur nos gardes, à concentrer nos pensées, à ne plus parler peut-être de peur de soulever des discussions comme celle de tout à l'heure.

EMMA, en souriant.

C'est un petit exercice de prudence et de charité, qui sera sans doute méritoire aux yeux de Dieu.

SCÈNE IX.

Les Précédentes, NANNETTE.

NANNETTE.

Ah! Mamzelle, si vous saviez ce que je viens d'entendre! j'en suis toute bouleversée, c'est une fameuse journée d'aventures que celle-ci!

HENRIETTE.

Que vous est-il donc arrivé d'extraordinaire ?

NANNETTE.

D'abord l'histoire de l'homme à capuchon.

EMMA.

Allons au fait. Qu'avez-vous de nouveau à nous apprendre ?

NANNETTE.

Voilà, voilà, Mamzelle. J'étais montée toute seule là-haut.... bon Dieu ! je tremble rien que d'y penser.

HENRIETTE.

Où donc, là-haut ?

NANNETTE.

Dans le petit corridor qui conduit à la chambre de mademoiselle Emma.

EMMA, avec trouble.

Et qu'alliez-vous faire dans ma chambre ? vous savez bien que je n'aime pas que l'on monte chez moi sans me prévenir.

NANNETTE.

Mamzelle m'avait dit d'aller ranger ses cartons et je n'en avais pas encore trouvé le temps, parce que Marianne avait eu besoin de moi pour éplucher les épinards et plumer la volaille.... j'allais donc ranger les cartons lorsqu'en arrivant dans le corridor, j'ai entendu.... j'en ai encore la chair de poule.

EMMA.

Et bien, qu'avez-vous entendu ?

NANNETTE.

J'ai entendu des plaintes et des gémissements, puis un gros soupir comme celui d'une personne naturelle, et cependant j'avais laissé au rez-de-chaussée tous les habitants de la maison, Mame Cunégonde dans la lingerie, Marianne à la cuisine, Mamzelle Lucile et vous toutes au salon.

HENRIETTE.

Ne vois-tu pas que c'est le gros chien Sultan, qui se sera endormi sur le tapis de ma sœur, comme cela lui arrive quelquefois.

NANNETTE.

Oh ! que nenni, Mamzelle, j'avais pensé à Sultan tout d'abord, et je m'avançais bravement quoique le cœur me fit tic tac, lorsque tout à coup j'entends éternuer d'une voix d'homme, ce qui me prouve clair comme le jour que ce n'est pas Sultan, puisque Sultan n'éternue pas, ou qu'il éternue comme un chien et pas comme un homme. Alors je n'ai fait ni un ni deux, je me suis mise à courir de toutes mes forces et me voici ; car bien sûr, il y a un homme enfermé dans la chambre de mamzelle Emma, à moins que ce ne soit un revenant.

EMMA.

Vous ne savez ce que vous dites, Nannette ; retournez à votre besogne, et ne parlez à personne de tous ces enfantillages ; vous feriez rire à vos dépens.

NANNETTE.

Mais, Mamzelle, je suis sûre de ce que je vous dis là comme je suis sûre que je vous parle; j'ai l'oreille fine, vous savez; j'ai eu bonne envie d'entrer courageusement dans la chambre, ou de regarder par le trou de la serrure, mais le cœur m'a manqué.

HENRIETTE.

Veux-tu, ma sœur, que je monte avec elle pour lui prouver qu'elle se trompe?

EMMA.

Ce n'est pas nécessaire, ma chère Henriette, j'ai la clef dans ma poche et je sais à quoi m'en tenir. Je vous le répète, Nannette, ne parlez à personne de tout cela, je vous le défends.

NANNETTE.

Je vous obéirai, Mamzelle, mais ce ne sera pas sans peine, car la langue me démange déjà.

SCÈNE X.

Les Précédentes, ROSETTE.

ROSETTE.

Vous voilà, Mamzelle, je viens vous apprendre une fameuse nouvelle, allez. Il y a deux gendarmes chez mon père qui sont entrés pour boire un coup, et ils disent comme ça qu'ils sont à la poursuite d'un homme qui doit être caché dans les environs.

EMMA, à part.

Ciel!

NANNETTE.

Tiens! c'est peut-être mon homme à capuchon.

EMMA.

Nannette, ne parlez pas ainsi à tort et à travers. (A part.) Je tremble. (Haut.) Cunégonde a dû vous dire que la personne qui m'a parlé ce matin est un ami de ma grand'mère. Retournez à votre ouvrage, mon enfant, et tâchez d'être moins curieuse et moins bavarde à l'avenir.

SCÈNE XI.

EMMA, HENRIETTE, BERTHE, ROSETTE.

EMMA.

Vous dites donc, Rosette, qu'il y a des gendarmes chez votre père, et qu'ils sont à la recherche d'un criminel? sans doute ces braves gens vont repartir bientôt pour faire une battue dans les bois, car il est probable que c'est là que le coupable s'est réfugié.

ROSETTE.

Je ne sais pas, Mamzelle, mais ils disent que celui qu'ils cherchent n'est pas loin d'ici.

EMMA, à part.

O mon Dieu, venez à mon aide ou mon pauvre oncle est perdu! (Haut.) Ainsi donc vous croyez qu'ils vont faire des recherches dans le village?

ROSETTE.

Cela se pourrait bien.

EMMA, s'efforçant de sourire.

A la bonne heure, si cela les amuse. (A part.) Je vais prévenir mon oncle et aviser aux moyens de le soustraire à ce nouveau danger.

SCÈNE XII.

HENRIETTE, BERTHE, ROSETTE.

BERTHE, à Rosette qui se sauve.

Où vas-tu si vite, Rosette?

ROSETTE.

Trouver Mamzelle Lucile qui m'attend, parce que l'assemblée va avoir lieu, et que c'est moi qui vais avoir l'honneur d'être l'huissière de la chambre, c'est-à-dire de maintenir le bon ordre, ce qui n'est pas chose facile, comme vous pouvez le penser.

HENRIETTE.

Ainsi donc vous allez vous assembler?

ROSETTE.

Ici même, dans une petite heure, c'est amusant, il faut voir! est-ce que vous n'en êtes pas?

HENRIETTE.

Pas encore, mais dis-nous ce qu'on y fait.

ROSETTE.

Je n'ai pas le temps, vous dis-je, une haute dignitaire comme moi, ça n'a pas tous ses moments libres, et je gage que la citoyenne Cornélie s'impatiente déjà. Adieu donc, demain je vous conterai tout. (Elle sort en courant.)

SCÈNE XIII.

HENRIETTE, BERTHE.

BERTHE.

Que veut-elle dire avec sa citoyenne Cornélie? A-t-on idée de pareille extravagance ?

HENRIETTE.

Écoute, ma sœur, ne serais-tu pas bien curieuse de voir un peu comment tout cela se passe? pour moi, j'en ai grande envie, je l'avoue.

BERTHE.

Quel enfantillage! Du reste, rien n'est plus facile, nous n'aurons qu'à regarder par la porte vitrée, si tu penses qu'il n'y ait pas de mal à cela.

HENRIETTE.

Non, non, ce n'est pas ainsi que je l'entends, je veux assister à la séance, et donner une petite leçon à mademoiselle Lucile pour lui apprendre à nous traiter du haut de sa grandeur.

BERTHE.

Est-ce que tu lui conserves rancune et que tu

songes à te venger? ce ne serait pas bien de ta part.

HENRIETTE.

Je veux au contraire lui être utile et la guérir de sa folie, s'il est possible, tout en nous amusant un peu pour notre compte. Allons vite dans notre chambre, ma chère Berthe; je t'expliquerai mon projet et tu m'aideras à le mettre à exécution.

FIN DU DEUXIÈME ACTE.

ACTE TROISIÈME.

SCÈNE PREMIÈRE.

LUCILE, NANNETTE, ROSETTE. Cette dernière est affublée d'une longue robe noire, flottante comme celle des avocats ; elle porte au cou une énorme chaîne et sur la tête une espèce de toque noire ou bonnet carré.

ROSETTE.

Suis-je drôle, suis-je drôle! pourvu que les autres ne rient point en me voyant !

LUCILE.

Et pourquoi riraient-elles? Je vous assure, Rosette, que vous êtes fort bien ainsi, c'est le costume des huissiers et cela fera bon effet. Maintenant achevez de disposer la salle.

Au lever du rideau il doit se trouver sur le théâtre une grande table sur laquelle est placé le fauteuil de la présidente. Devant ce fauteuil il y a une table plus petite où se trouvent divers papiers et une énorme sonnette ; au pied de la grande table on voit une large bergère sans coussin pour servir de tribune. Rosette et Nannette disposent des chaises à droite et à gauche.

NANNETTE.

Voilà que tout est préparé, l'on peut venir maintenant. (A part.) Pourvu qu'il ne prenne pas à Mame Cunégonde la fantaisie de venir faire un tour au salon !

LUCILE.

Nannette, n'oubliez pas le verre d'eau sucrée pour les *oratrices*, le verre d'eau sucrée est absolument nécessaire, c'est une partie de l'inspiration.

NANNETTE.

Soyez tranquille, Mamzelle.

LUCILE.

Ayez même de l'eau sucrée pour tout le monde, c'est plus fraternel. Il faudrait aussi tirer quelques gâteaux de l'armoire, la discussion peut s'animer, et il est juste d'avoir de quoi réparer ses forces.

NANNETTE.

J'y ai pensé.

LUCILE.

J'entends venir notre monde.

(Lucile monte sur la table et s'assied dans le fauteuil de la présidente.)

SCÈNE II.

LUCILE, NANNETTE, PALMYRE VAUDREUIL, FIFINE TOURNON, AMANDA MARTEAU, GOTHON, THOMASSE, TROUPE DE JEUNES PAYSANNES.

LUCILE, du haut de son fauteuil.

Huissière, introduisez les honorables membres.

PALMYRE.

Citoyenne présidente, j'ai l'honneur de vous présenter ma cousine Amanda, qui est venue passer ses vacances à la maison; elle désire faire partie de notre illustre assemblée, et je dois ajouter qu'elle en est digne sous tous les rapports.

LUCILE, saluant avec dignité.

Si personne n'a de motifs pour s'opposer à son admission, qu'elle soit la bienvenue parmi nous. A vos places, s'il vous plaît.

Palmyre et Amanda se mettent à droite, Fifine et Gothon prennent la gauche, les petites paysannes se divisent en deux groupes, les unes du côté de Palmyre, les autres de celui de Fifine; Nannette et Rosette restent au centre.

LUCILE.

Citoyennes, l'ordre du jour appelle aujourd'hui la première discussion sur l'uniforme que nous avons résolu d'adopter pour toutes les jeunes filles du club universel, ce qui veut dire du monde entier. Jamais peut-être question plus grave ne fut portée devant une assemblée plus illustre, car je vous le demande, citoyennes, n'est-il pas urgent de consacrer par l'uniforme la première, la plus importante de toutes les fraternités, celle de l'habillement.

(De toutes parts : Bravo! bravo!)

LUCILE.

D'ailleurs, citoyennes, ne faut-il pas que nous

puissions dès le premier abord nous reconnaître pour sœurs dans toutes les parties de la terre ? Mais si la nécessité d'un uniforme est généralement admise, la question n'en reste pas moins hérissée de pointes aiguës, de difficultés incalculables, car enfin il ne suffit point ici de décréter un uniforme, il faut que cet uniforme soit à la portée de toutes les bourses, il faut surtout qu'il siée parfaitement à toutes les figures, à toutes les tournures, en un mot, qu'il contribue à nous rendre toutes plus gracieuses et plus jolies.

(Tonnerre d'applaudissements.)

Mais hélas! citoyennes, quels que soient votre zèle et votre capacité, les forces féminines ont leurs bornes enfin ! et il serait aussi impossible de couler à fond dans une seule séance une si immense question que de prendre la lune avec les dents. Il a donc fallu nous résoudre à ne soumettre que jour par jour à votre appréciation chaque partie de la toilette. Sans doute, citoyennes, tous les détails en sont prodigieusement essentiels et méritent toute votre attention, cependant nous avons cru devoir donner la priorité à la coiffure comme chargée de couvrir et d'orner ce qu'il y a de plus sublime dans notre organisation : la tête, cette noble partie du corps humain, (se reprenant) féminin, veux-je dire. Ainsi, nous allons décider ce qu'il vaut mieux adopter de la couronne de chêne ou du bonnet phrygien. Plusieurs oratrices sont inscrites pour et contre, la discussion va commencer.

(De toutes parts : Bravo! bravo!)

LUCILE.

-La parole est à la citoyenne Palmyre.

PALMYRE.

Si vous voulez le permettre, je la céderai à ma cousine Amanda, qui vient de remporter le premier prix de rhétorique à sa pension, et qui vous débitera une improvisation un peu soignée.

FIFINE, à demi-voix.

Je le crois bien, voilà trois jours qu'elle la prépare.

LUCILE.

Citoyenne Amanda, vous avez la parole.

AMANDA, debout sur la bergère et du ton d'une écolière qui récite sa leçon.

Ce n'est point sans une vive émotion que je me présente pour la première fois devant cette auguste assemblée, dont je réclame l'indulgence; mon cœur bat à la fois de timidité et d'orgueil... (Elle perd la mémoire et répète :) mon cœur bat à la fois de timidité et d'orgueil... (à demi-voix) Palmyre, passe-moi mon cahier.

NANNETTE.

Si le cœur vous bat, buvez un verre d'eau sucrée; Mamzelle dit qu'il n'y a rien de tel pour retrouver l'inspiration.

AMANDA, après avoir cherché dans son cahier.

Mon cœur bat à la fois de timidité et d'orgueil quand je pense aux honorables membres qui m'écoutent et aux orateurs illustres qui m'ont précédée dans cette éloquente tribune.

FIFINE.

Oratrices, s'il vous plaît, ne confondons pas les genres.

LUCILE.

N'interrompez pas inutilement.

AMANDA, cherchant le fil du discours.

Dans cette éloquente tribune. Si Cinéas, en entrant dans le sénat romain, avait cru voir une assemblée de rois, moi en pénétrant dans cette brillante enceinte, j'ai cru me trouver devant un club de reines.

LA DROITE ET LE CENTRE.

Bravo ! bravo, bravo !

AMANDA, reprenant courage et parlant avec emphase.

Je voudrais, citoyennes, avoir toute la philosophie de Socrate, toute l'énergie de Démosthène, toute la verve de Cicéron, toute l'éloquence des plus grands orateurs pour vous adresser un discours digne de vous; ma bonne volonté du moins ne vous fera pas défaut et suppléera, j'espère, au talent qui me manque.

FIFINE.

A la question.

GOTHON, d'une voix aigre.

A la question ! à la question ! (à demi-voix, aux petites paysannes qui sont de son côté) criez donc comme moi, vous autres.

TOUTE LA GAUCHE.

A la question! à la question!

AMANDA, à Palmyre.

Ces demoiselles n'ont donc pas fait leur rhétorique, puisqu'elles ne savent pas qu'on doit toujours commencer par ce qu'on appelle les précautions oratoires.

PALMYRE.

A l'ordre, à l'ordre.

LA DROITE.

A l'ordre, à l'ordre.

AMANDA.

On interrompt toujours aux plus beaux endroits; c'est ennuyeux à la fin.

ROSETTE, d'une voix glapissante.

Silence, citoyennes! silence! silence!

LUCILE, agitant sa sonnette.

Citoyennes Fifine et Gothon, je vous rappelle à l'ordre.

FIFINE.

Comme s'il n'y avait jamais que nous qui interrompions! ce n'est qu'un prêté rendu.

GOTHON.

La présidente nous en veut; c'est une injustice.

(La présidente agite de nouveau sa sonnette, l'huissière crie silence, le tumulte s'apaise.)

LUCILE, à Amanda.

Continuez.

AMANDA, cherchant le fil du discours.

Au talent qui me manque. De tout temps la coiffure des femmes a été une de leurs affaires les plus importantes, une des choses qui ont le plus vivement préoccupé la *fémininité* tout entière. Que sera-ce donc lorsqu'il s'agit, non plus de coiffer des femmes vulgaires, mais des jeunes filles d'élite, des astres naissants destinés à régénérer la face de l'univers. Je pose donc en fait que nous ne saurions apporter trop de réflexion dans notre choix et dans les motifs qui le détermineront. Remontant donc jusqu'à la plus haute antiquité : nous voyons Ève, notre mère commune, s'élancer de la côte d'Adam, comme la belle fleur du cactus de la lourde tige où elle puisa la vie.

A DROITE.

Bravo! bravo!

PALMYRE, à demi-voix.

J'adore cette comparaison.

AMANDA.

Où elle puisa la vie. Alors, sans doute pour charmer agréablement ses loisirs, Ève, la plus belle des femmes, voulut orner cette longue chevelure blonde qui l'enveloppait tout entière comme un voile diaphane; malheureusement l'Écriture sainte ne nous indique pas le mode de coiffure que la mère des humains adopta dans le paradis terrestre, car j'ai fait à ce sujet des recherches immenses qui sont demeurées infructueuses; mais n'est-il pas très-probable que, conciliant une branche de feuillage, elle en forma une couronne, la plaça sur sa tête, et se mira avec transport dans l'onde claire des ruisseaux?

GOTHON, vivement.

Qu'en savez-vous? Pourquoi cette dame ne se serait-elle pas coiffée tout aussi bien d'un bonnet de coton?

PALMYRE.

Tiens! est-ce que vous croyez par hasard que les bonnets de coton poussaient comme des champignons dans le paradis terrestre, ou qu'ils venaient aux branches des arbres comme les pommes aux pommiers? (Hilarité générale.)

AMANDA.

Si nous parcourons ensuite les innombrables anneaux de la longue chaîne de l'histoire en descendant de roc en roc, de cascade en cascade, depuis Ève que nous pouvons considérer comme le pic ou le sommet de la montagne féminine, jusques à nous qui en sommes la base...

(Ici Fifine fait entendre un long soupir d'ennui.)

LUCILE.

Fifine, je vous rappelle à l'ordre, ce que vous venez de faire est inconvenant, laissez l'oratrice développer son opinion.

AMANDA.

Nous voyons que toutes les reines ont adopté

la couronne pour coiffure, comme le signe distinctif de leur supériorité. Didon et Cléopâtre, Sémiramis et Zénobie se faisaient gloire de porter une couronne.

FIFINE.

Je demande la parole.

LUCILE.

Vous l'aurez à votre tour, écoutez jusques au bout, si vous voulez qu'on vous écoute.

AMANDA.

Et nous, qui sommes les reines de l'intelligence, pourrions-nous balancer un instant entre cette noble coiffure et l'ignoble bonnet phrygien? Non, citoyennes, il n'en sera pas ainsi, vous apprécierez la justesse de mes observations, vous vous rendrez aux motifs puissants que j'ai eu l'honneur de développer devant vous, vous voterez toutes comme un seul homme, comme une seule femme, veux-je dire, pour la noble, la poétique couronne, dont les reines entouraient leurs fronts, dont les muses paraient leurs têtes, dont les druidesses ornaient leur chevelure, et vous crierez avec moi : Vive la couronne de feuillage, qui doit ajouter un charme de plus à vos doux et puissants attraits.

(Bravo! bravo! bravo!)

(Amanda descend de la bergère au milieu des félicitations de Palmyre et de ses amies, qui l'entourent de toutes parts. Gothon se précipite à la ribune, et frappe de violents coups de poing sur le dossier de la bergère, en s'écriant à plusieurs reprises :

Citoyennes! citoyennes!

Mais sa voix est couverte par les acclamations de la droite qui porte Amanda en triomphe. Rosette crie de toutes ses forces.

Silence! silence! silence!

(La présidente agite sa sonnette à deux mains, le calme se rétablit peu à peu.)

GOTHON, d'une voix aigre et frappant encore quelques coups de poing sur le dossier de la bergère.

Je n'irai pas par trente-six chemins comme cette sucrée qu'a fait sa rhétorique; tout ce qu'on vient de vous dire, citoyennes, c'est un tas de bêtises, voyez-vous! qu'est-ce donc que vous voulez? une belle et bonne coiffure, qui soit égale pour tout le monde, car c'est là l'essentiel. Est-ce que vous croyez que vos couronnes de feuillage, et toutes ces fanfreluches-là, ça va vous tenir la tête bien chaude pendant l'hiver, et vous préserver des rhumes de cerveau? Parlez-moi d'un beau bonnet de coton qu'on porte un peu sur l'oreille, comme la statue de la liberté. (Hilarité.) Ça nous tient la nuque chaude, et ça nous donne l'air furieusement crâne, et non pas une couronne de sainte nitouche, qui ne ressemble à rien du tout. M'est avis que celles qui ont des idées semblables sont des aristotes; voyez-vous, je suis donc pour le bonnet de coton, moi, d'autant mieux que ça évite la peine de se peigner.

PALMYRE, en riant.

Voilà un motif bien propre!

NANNETTE.

Ce serait du gentil, ton bonnet de coton, pour avoir l'air d'un charretier.

GOTHON.

Est-ce que tu t'imagines, qu'une couronne de feuilles de je ne sais quoi ça va bien à tout le monde ? Essaye un peu sur la grande Thomasse, par exemple.

THOMASSE.

Eh bien ! pourquoi ça ne m'irait-il pas comme aux autres ? voyez donc l'impertinente.

LUCILE, à Gothon.

Les personnalités ne sont pas parlementaires.

GOTHON.

Et la petite Mariette donc ! qu'est noire comme une taupe ! et la grosse Louison avec sa figure de vache, et Françoise, avec sa mine de singe effrayé, et Jeannette, et Claudine. (Tumulte effroyable.)

LUCILE, criant de toutes ses forces pour dominer le bruit.

Citoyenne Gothon, vous abusez de la parole, je vous la retire.

FIFINE.

C'est une injustice, on a écouté l'autre.

LA GAUCHE.

C'est une injustice, c'est une injustice.

LA DROITE.

A bas Gothon, à bas Gothon.

ROSETTE, de toutes ses forces.

Silence ! silence ! silence !

(La présidente agite sa sonnette, charivari épouvantable.)

PALMYRE.

Citoyenne présidente, couvrez-vous, ou la république est en danger.

LUCILE.

Vous avez raison. Vite, Nannette, un chapeau, un bonnet, n'importe quoi.

(Le tumulte continue, Nannette effarée cherche dans le salon.)

LUCILE.

Vite, vite, Nannette, sauvons la France, sauvons la patrie, quelque chose pour couvrir ma tête.

NANNETTE, apportant une corbeille à ouvrage.

Je ne trouve que cela.

LUCILE.

N'importe ! donne toujours. (Elle met la corbeille sur sa tête, une grande quantité de pelotons de fil et de laine de diverses couleurs s'échappe de toute part. Hilarité générale.)

ROSETTE.

Silence ! silence ! silence !

NANNETTE, à la présidente.

Je crois que ce serait le moment de reprendre des forces.

LUCILE.

A la bonne heure, fais passer les gâteaux.

(Nannette distribue des gâteaux, chacun regagne sa place, le calme se rétablit.)

PALMYRE.

Voilà d'excellents biscuits, votons des remercîments à la présidente.

AMANDA.

Je déclare que la citoyenne Lucile a bien mérité de la patrie.

TOUTES LES JEUNES FILLES.

Oui ! oui ! oui !

LUCILE, à part.

Ce que c'est que d'avoir de la présence d'esprit ! si je ne m'étais pas couverte à propos, je ne sais point où nous en serions maintenant.

(Palmyre et Fifine s'approchent de la présidente et causent avec elle à demi-voix, Palmyre monte à la tribune.)

PLUSIEURS VOIX.

Assez ! assez !

PALMYRE.

Citoyennes, loin de moi la pensée intempestive de ranimer les passions mal éteintes, de renouveler les regrettables débats qui se sont malheureusement produits dans cette enceinte ! un dessein plus magnanime m'appelle à la tribune. D'accord avec votre honorable et illustrissime présidente, j'apporte à tous les partis des paroles de paix, je vais avoir l'honneur de vous développer un projet de loi, amendé de manière à concilier toutes les opinions.

(De toutes parts : Écoutez, écoutez.)

PALMYRE.

Le projet de loi est ainsi conçu :

Article 1ᵉʳ. La coiffure adoptée par le club universel des jeunes filles est et ne peut être qu'une couronne, pour marquer la suprématie de leur intelligence.

Art. 2. Cette couronne sera indistinctement de chêne, de lierre ou de laurier, ou bien encore de bluets, de roses ou de toute autre fleur ; de perles fines ou de perles précieuses, suivant le goût et la figure de chacune ; l'on pourra même se contenter au besoin d'une couronne de cheveux.

Art. 3. Celles qui craindraient de s'enrhumer, ou qui auraient quelque autre motif puissant pour se couvrir la tête, pourront porter *ad libitum*, un bonnet de coton, une cornette de dentelles, un chapeau ou un madras, pourvu qu'elles conservent à leur couvre-chef, de quelque forme et de quelque matière qu'il soit d'ailleurs, le nom glorieux de couronne, qui reste et restera le signe distinctif, le cachet ineffaçable du club universel.

GOTHON.

Aux voix ! aux voix !

FIFINE.

Le scrutin de division !

AMANDA.

Apportez les urnes !

LUCILE.

Il nous suffira de voter par assis et par levé ;

que toutes celles qui approuvent la loi telle qu'elle vient d'être formulée, se lèvent.

(Les jeunes filles se lèvent en masse.)

LUCILE.

L'assemblée a adopté.

(Elle descend d'abord de sa table et se promène gravement sur le théâtre en s'essuyant le visage avec son mouchoir, puis elle ôte la corbeille qui est restée sur sa tête, et s'en sert pour s'éventer en disant :)

Ouf! voilà une loi qui m'a coûté beaucoup de peine, mais il faut avouer aussi que c'est là une fameuse loi, une sage et excellente loi, qui ne blesse en rien la liberté, qui concilie toutes les opinions. Que de prudence et de modération il m'a fallu déployer dans cette circonstance pour calmer l'animation des divers partis qui divisent cette assemblée ? c'est bien le cas de dire ici comme notre grand poëte :

O Jéhovah! qu'il faut prendre de peine
Pour faire aller d'accord la montagne et la plaine !

Qui mieux que moi peut connaître le sens de ces vers admirables !

PALMYRE.

Citoyenne présidente, allons-nous passer à d'autres délibérations?

LUCILE.

Sans doute. Notre zèle doit être infatigable, et nos travaux peuvent se prolonger bien avant dans la nuit. L'ordre du jour appelle le projet de loi sur l'instruction publique pour lequel l'urgence a été demandée à cause de la fin prochaine des vacances.

ROSETTE.

A vos places! à vos places!

LUCILE.

La parole est à la citoyenne Fifine, rapporteuse de la commission.

FIFINE.

Citoyennes, depuis longtemps la tyrannie des maîtresses de pension... (On frappe un grand coup à la porte.)

ROSETTE.

Qui frappe?

LUCILE.

Quel est l'audacieux qui ose troubler nos délibérations?

NANNETTE.

Pourvu que ce ne soit pas Mame Cunégonde!

LUCILE.

Huissière, allez voir de quoi il s'agit.

(Rosette va ouvrir la porte et jette un grand cri de surprise et d'effroi, toutes les jeunes filles regardent avec curiosité.)

SCÈNE III.

Les Précédentes, la PRINCESSE SAMARIRAMA
ET SA SUIVANTE.

La princesse est affublée d'un costume très-extraordinaire, elle a de grands paniers, une longue robe à queue, dont sa suivante, costumée aussi d'une manière fort étrange, porte le bout ; l'une et l'autre ont les sourcils peints et plusieurs bariolages sur la figure qui doivent les rendre méconnaissables aux autres jeunes filles ; la princesse porte beaucoup de bijoux, une couronne dorée sur la tête, et une fourrure quelconque jetée sur l'épaule gauche.

LA SUIVANTE, à Rosette, en déguisant sa voix.

Annoncez la grande princesse Samarirama.

ROSETTE, d'une voix tremblante.

La princesse, la princesse Samarama.

PLUSIEURS VOIX, avec surprise.

Une princesse !

(La princesse Samarirama s'avance majestueusement faisant trois grandes révérences, la première à la présidente, la seconde à droite, la troisième à gauche.)

SAMARIRAMA.

Boucharomari, balmel secada versel maïr, brumaki brumaka brumakum.

LUCILE.

Illustre princesse, nous regrettons bien vivement de ne pas comprendre les belles choses que vous nous faites l'honneur de nous dire.

SAMARIRAMA.

Comment, citoyenne, vous présidez le club universel, et vous ne savez pas même le persan !

LUCILE.

Hélas ! non, grande princesse, je sais le français,

l'italien, et même un peu d'anglais, mais le persan !... la Perse est si loin de nous !

SAMARIRAMA.

La belle raison ! Il me semble que la Perse ne doit pas être beaucoup plus loin de la France que la France n'est loin de la Perse, et vous voyez que j'entends et je parle un peu le français.

LUCILE.

Vous le parlez à merveille.

SAMARIRAMA.

Je parle le chinois, le cochinchinois, le turc, l'arabe, le sanscrit, le russe et le tartare, aussi bien que le persan.

LUCILE.

C'est admirable ! mais faites-nous l'honneur de vous asseoir parmi nous.

(On lui place un fauteuil à droite de la table de la présidente, elle s'assied.)

LUCILE.

Sans doute, gracieuse souveraine, vous avez reçu une de ces proclamations que depuis quelque temps je m'efforce de répandre dans toutes les parties du monde, et votre grand cœur a compris de suite la sublimité du mobile qui nous fait agir ?

SAMARIRAMA.

Mon cœur comprend tout ce qui est grand et beau, et c'est pour cela que je me suis de suite mise en route en compagnie d'une fille d'honneur, afin de juger par moi-même si la réalité répondait à l'idéalité de cette œuvre merveilleuse.

LUCILE.

Mes compagnes et moi, nous sommes encore un peu novices dans l'art des discussions parlementaires, mais nous ne tarderons pas, j'espère, à nous mettre à la hauteur de notre tâche, et, quant aux réformes à faire, nous avons déjà bâclé une cinquantaine de lois excellentes.

SAMARIRAMA.

Telle que vous me voyez, je ne suis ni plus ni moins que la princesse Samarirama, bien connue dans le monde entier, et dont vous n'êtes pas sans avoir entendu parler?

LUCILE, avec embarras.

Sans doute, sans doute.

SAMARIRAMA.

Vous savez alors que je suis la fille aînée du grand schah.

LUCILE.

Certainement.

ROSETTE, à demi-voix.

La fille d'un chat ! qu'est-ce qu'elle veut donc dire ?

SAMARIRAMA.

Et que mon père, n'ayant point de fils, c'est à moi que le grand empire de Perse doit un jour appartenir.

LUCILE, saluant très-profondément.

Nous ignorions cette circonstance.

SAMARIRAMA, montrant sa fourrure.

Vous devez cependant reconnaître sur mes épaules la marque distinctive de cette dignité, et pour peu que vous soyez instruite.....

LUCILE.

C'est juste, je n'y avais pas pris garde... L'étonnement, la surprise... le respect... excusez, grande princesse.

SAMARIRAMA.

Remettez-vous, citoyenne, et regardez-moi seulement comme votre collègue, car, pour peu que l'effet réponde à mon attente, je me propose d'établir un club universel de jeunes filles dans mon grand palais d'Ispahan, et là oubliant tous mes titres pompeux, je ne tirerai plus vanité que d'une seule chose, la gloire d'en être présidente.

LUCILE, ivre de joie.

Quel honneur ! quel triomphe pour nous toutes et pour moi en particulier ! (A part.) Quand mes cousines le sauront !

SAMARIRAMA.

Maintenant continuez votre séance, que je voie un peu comment il faut s'y prendre.

AMANDA.

Quel malheur que la princesse ne soit pas arrivée plus tôt! elle aurait entendu mon discours.

LUCILE.

C'était à la vérité un chef-d'œuvre d'éloquence, nous avons déjà énormément travaillé aujourd'hui, et nous n'avons plus que peu de temps à notre disposition.

SAMARIRAMA.

N'importe! je profiterai de ce peu de temps, reprenez les choses où elles en étaient à mon arrivée.

LUCILE.

Eh! bien donc, puisque vous le voulez absolument malgré le respect que nous devons à Votre Altesse, nous continuerons la séance. (A. part.) Quel insigne honneur! je puis mourir maintenant, mon nom ne mourra pas tout entier. (Haut.) Huissière, interrompez les conversations particulières.

ROSETTE, aux jeunes filles qui causaient entre elles.

Silence, citoyennes.

LUCILE, à Fifine.

Vous avez la parole.

FIFINE.

Nous disions que depuis longtemps la tyrannie des maîtresses de pension pèse comme un joug de fer sur la classe intéressante de la jeunesse féminine; c'est donc un devoir pour nous de prendre en main la défense de nos compagnes opprimées, et de réglementer les rapports réciproques des institutrices et des élèves, comme aussi le régime alimentaire et sanitaire des pensions et des écoles. Là-dessus, après un mûr examen des matières, nous avons l'honneur de vous proposer ce qui suit :

Art. 1er. Toutes les jeunes filles seront désormais dispensées d'obéir à leurs institutrices ou maîtresses d'école. (Applaudissements.)

Art. 2. La prison, le pain sec, le bonnet d'âne, la coiffe de nuit, les pensums, les punitions de toute espèce, en un mot, sont et restent abolis, comme un attentat à la dignité féminine. (Bravo ! bravo !)

Art. 3. Il y aura désormais deux dimanches et deux jeudis par semaine, les élèves ne travailleront qu'autant qu'elles le voudront, elles auront congé de droit toutes les fois qu'elles se sentiront dominées par une forte envie de ne rien faire. (Tonnerre d'applaudissements.)

Art. 4. Les vacances commenceront au mois d'août et finiront au mois de décembre inclusivement. (Très-bien, très-bien.)

Art. 5. Les institutrices devront aider fraternellement les élèves à faire leurs devoirs ; chaque élève aura au moins trois premiers prix à la fin de l'année.

(De toutes parts : Très-bien, adopté, adopté.)

LUCILE, à Samarirama.

Que pensez-vous de cela, princesse ?

FIFINE.

Ne trouvez-vous pas ces lois fort raisonnables ?

SAMARIRAMA.

Je suis émerveillée, ravie, transportée de tant de

sagesse. Solon, Lycurgue, Numa Pompilius et le grand Taméaméa lui-même, n'étaient que des polissons auprès de vous; il n'y a que des Françaises pour avoir tant d'esprit, jamais une Persane n'aurait imaginé tout cela.

LUCILE.

Quel charmante princesse ! que d'érudition ! que d'esprit ! que d'affabilité ! que de jugement surtout !

SAMARIRAMA.

N'avez-vous pas encore quelques bonnes choses à nous dire ?

FIFINE.

Il nous reste le projet de loi qui doit réglementer la nourriture dans les diverses institutions de jeunes filles, de quelque degré et de quelque prix qu'elles soient.

SAMARIRAMA.

J'écoute de toutes mes oreilles.

FIFINE.

Article unique. Les maîtresses de pension et d'école seront tenues de nourrir leurs élèves ainsi qu'il suit:

Le matin, au moment du réveil, on commencera par leur porter dans leur lit une tasse de café à la crème, ou de chocolat au lait, pour leur réconforter l'estomac. (Bravo ! bravo !)

Leur premier déjeuner se composera d'aliments légers, tels que suprêmes de volaille, ailes de perdrix, pigeons aux petits pois, œufs à la neige, gâteaux de riz, charlottes de pommes ; on y ajoutera les plus beaux fruits de la saison et quelques friandises, comme macarons, pralines, croquants, pastilles de chocolat. La boisson sera du vin de Champagne, auquel chaque élève ajoutera suivant son goût la quantité d'eau qui lui paraîtra nécessaire. On terminera le déjeûner par une tasse de café pur, et par quelques glaces ou sorbets, afin de faciliter la digestion.

SAMARIRAMA.

Très-bien, à merveille !

LUCILE.

Il me semble cependant qu'il y a un peu d'exagération dans ce menu journalier, qu'en pensez-vous ? princesse.

SAMARIRAMA.

Moi, je trouve tout cela parfaitement imaginé.

FIFINE.

Oui, oui, c'est très-bien. (De toute part: Bravo ! bravo ! tonnerre d'applaudissements.)

SCÈNE IV.

Les Précédentes, CUNÉGONDE, entrant précipitamment ; à sa vue NANNETTE se cache sous la table.

CUNÉGONDE.

Vous tairez-vous à la fin, démons d'enfants, ce tintamarre infernal arrive jusqu'à mademoiselle

Emma, qui est malade, et qui aurait grand besoin de repos.

HENRIETTE, vivement et jetant à terre sa couronne e sa fourrure.

Ma sœur malade ! Qu'a-t-elle donc, bon Dieu !

BERTHE se débarrassant aussi de sa coiffure de fille d'honneur de Samarirama.

Que dites-vous ? Emma, notre chère sœur...

LUCILE.

Juste ciel ! que vois-je ! qu'entends-je ! ... Vous n'êtes pas des Persanes ! vous êtes tout simplement Henriette et Berthe de Linières ! ah ! c'est indigne de nous avoir trompées ainsi. (Elle descend de la table.)

PALMYRE, FIFINE, AMANDA.

Oui, c'est affreux ! (Elles entourent les deux sœurs.)

HENRIETTE.

Laissez-moi donc tranquille, je veux aller voir Emma.

CUNÉGONDE.

Non, non, elle repose dans ce moment, et il ne faut pas la troubler ; mais n'avez-vous pas honte d'être accoutrées de la sorte et de jouer la comédie dans un moment pareil, pendant que votre sœur est malade, et que votre oncle d'Arceau est en grand péril.

LUCILE.

Mon père ! on a reçu de ses nouvelles ? que lui est-il arrivé, grand Dieu !

8

(Les jeunes filles se retirent au fond du théâtre, et, divisées en plusieurs groupes, elles causent tout bas, mais avec animation, de ce qui vient d'arriver. Cunégonde, Lucile, Henriette, et Berthe restent sur le devant du théâtre).

CUNÉGONDE, à Lucile.

Je ne dois rien vous dire ; tout ce que je vous demande pour le moment, c'est de ne pas faire tant de bruit.

LUCILE, tout émue.

Mais vous ne pouvez pas me laisser dans cette cruelle incertitude ; je veux savoir ce qui est arrivé à mon cher papa, que j'aime tant !

CUNÉGONDE.

Vous ne le saurez pas.

LUCILE.

Alors je vais trouver Emma, elle est bonne, elle aura pitié de moi.

CUNÉGONDE.

Gardez-vous bien de la déranger ; tenez, j'aime encore mieux vous tout conter. (Baissant la voix.) Votre papa, avec sa manie de politique, s'est fourré dans une mauvaise affaire ; il est arrivé ce matin blessé et compromis, Emma l'a caché dans sa chambre, elle a pansé sa blessure et tout allait bien quand on a appris que deux gendarmes étaient à sa poursuite.

LUCILE.

Ah ! ciel !

CUNÉGONDE.

Voilà la pauvre Emma qui se trouble, c'est bon ; elle fait cacher votre père derrière une grande armoire, reçoit elle-même messieurs les gendarmes et les déroute si bien qu'ils s'en retournent comme ils étaient venus.

LUCILE.

Bonne Emma !

CUNÉGONDE.

Alors la pauvre enfant remonte vers son oncle, mais la frayeur qu'elle avait ressentie, la violence qu'elle avait été obligée de se faire lui occasionnent une violente attaque de nerfs.

HENRIETTE.

Ma pauvre sœur !

CUNÉGONDE.

M. d'Arceau très-effrayé appelle au secours, ce qui était fort imprudent, puisque les gendarmes venaient à peine de se remettre en route.

LUCILE.

Ah ! Dieu ! ils l'ont arrêté ! (Elle tombe à la renverse, Henriette et Berthe la soutiennent.)

CUNÉGONDE.

Eh bien ! qu'a-t-elle donc? la voilà qui se trouve mal, je ne sais plus où donner de la tête aujourd'hui. (Elle lui jette le verre d'eau sucrée au visage)

SCÈNE V.

Les précédentes, EMMA.

EMMA.

Que vois-je, Lucile !

HENRIETTE.

Ah ! ma sœur.

LUCILE, ouvrant les yeux.

Emma, ma bonne Emma, dites-moi ce qu'ils ont fait de mon père.

EMMA.

Calmez-vous, ma chère cousine, votre père n'a plus rien à craindre, et vous allez le voir bientôt.

LUCILE.

Serait-il possible ! et Cunégonde qui me disait que les gendarmes l'avaient aperçu !

CUNÉGONDE.

Non pas, non pas, s'il vous plaît ; c'est que vous vous êtes évanouie tout de suite sans vous donner le temps d'écouter jusqu'au bout ; j'en étais à l'attaque de nerfs qui a duré plus d'un quart-d'heure, et qui est cause que monsieur a appelé. Heureusement j'ai de suite reconnu sa voix, je suis montée aussitôt, et quand j'ai su ce qui en était, et que j'ai vu mademoiselle un peu plus calme et comme disposée à dormir, je suis descendue pour faire finir votre charivari.

EMMA.

Et vous ne savez pas encore, ma bonne, que pendant ce temps-là Marianne m'a apporté une lettre qui nous rend la tranquillité et la joie, car elle apprend à mon oncle que son innocence est reconnue, et qu'il n'a plus rien à craindre des gendarmes.

LUCILE.

Oh! quel bonheur! chère Emma, que ne vous dois-je point! (Elle l'embrasse.)

CUNÉGONDE.

Oh! vous pouvez bien la remercier, cette bonne demoiselle, car, soit dit sans vous offenser, mademoiselle Lucile, pendant que vous étiez là avec toutes ces petites à bavarder comme des pies borgnes, Emma soignait votre père et lui sauvait la vie peut-être. Tenez, mademoiselle, et vous toutes là-bas, qui venez perdre votre temps à discuter et à parler politique, comme si vous y entendiez quelque chose, écoutez un bon conseil : laissez les hommes politiquer entre eux et fabriquer des lois ; vous autres, jeunes filles, ne vous en mêlez point, travaillez, priez et faites de bonnes œuvres ; le monde n'en irait que mieux si chacun ne faisait que son métier.

LUCILE.

Je commence à croire que vous avez raison, Cunégonde ; désormais je renonce à régler l'univers, et je veux devenir simplement une aimable jeune fille, sage et vertueuse comme Emma.

EMMA, souriant.

Ce n'est pas beaucoup dire, ma chère Lucile, tout le monde ici a l'habitude de me juger trop favorablement.

LUCILE.

Non pas, et c'est vous que je prendrai pour modèle.

HENRIETTE.

Alors vous allez commencer par nous pardonner notre espièglerie.

LUCILE, embrassant Henriette et Berthe.

De tout mon cœur, mes chères cousines, je suis trop contente aujourd'hui pour vous conserver rancune; d'ailleurs cette mystification, que j'ai bien méritée, me servira de leçon à l'avenir. Maintenant je vais revoir mon père. (Elle sort en courant.)

SCÈNE VI.

CUNÉGONDE, EMMA, HENRIETTE, BERTHE, PALMYRE, AMANDA, FIFINE, GOTHON, NANNETTE, ROSETTE, troupe de jeunes paysannes.

CUNÉGONDE, aux jeunes filles.

J'en suis fâchée pour vous, petites, mais voilà mademoiselle Lucile devenue raisonnable, et nous ne souffrirons plus que vous veniez faire le sabbat chez nous; c'est vexant peut-être, mais c'est comme cela tout de même.

EMMA.

Que dites-vous là, ma bonne ! (Aux jeunes filles.) J'espère au contraire, mesdemoiselles, que nous aurons le plaisir de vous revoir bientôt. C'est après-demain la fête de ma grand'mère, je vous invite toutes à venir la célébrer avec nous; nous ne ferons point de lois, mais nous commencerons par entendre une belle grand'messe en musique, puis nous dînerons toutes ensemble sous le grand ormeau, et le soir nous danserons des rondes sur la pelouse.

LES JEUNES FILLES.

Quel plaisir! quel bonheur !

EMMA.

De plus, comme ma grand'mère sera très-joyeuse du retour de mon oncle, je la prierai de faire venir de Rennes un prestidigitateur célèbre, qui s'y trouve dans ce moment, et dont les tours d'adresse nous amuseront beaucoup.

PALMYRE.

Vous êtes bien bonne, mademoiselle, mes compagnes et moi nous acceptons avec grand plaisir votre aimable invitation.

FIN DU CLUB DES JEUNES FILLES.

YAMOUNA

DRAME EN TROIS ACTES.

Étude de mœurs arabes.

PRÉFACE DE YAMOUNA

Les mœurs et les coutumes des femmes mauresques de Constantine que l'auteur a étudiées avec soin pendant un séjour de vingt mois dans cette ville, sont fidèlement représentées dans le drame de Yamouna. Mais le but de cette pièce n'est pas seulement l'étude de ces mœurs étranges et curieuses, de ces superstitions bizarres, de ces costumes singuliers ; l'auteur a voulu surtout mettre en parallèle et faire ressortir l'influence, si diverse sur le sort des femmes, des deux religions qui se trouvent en présence en Algérie : d'un côté la dignité de l'épouse, de la mère, de la vierge dans la famille et dans la société, les pensées intelligentes et graves, les sentiments charitables, les dévouments sublimes que leur inspire le christianisme ; de l'autre, l'état d'abaissement, d'ignorance, de désœuvrement et d'abrutissement intellectuel dans lequel croupissent les pauvres musulmanes ; comme aussi ces passions violentes de jalousie et de haine qu'aucun principe religieux ne vient leur donner la force de combattre et de vaincre, et qui sont la cause secrète de tant de drames mystérieux et terribles qui se passent dans l'intérieur des harems.

La police du pays ne protége point, la loi du pays ne venge jamais les victimes des dissensions domestiques.

Puisse un contraste si frappant aider les femmes chrétiennes à supporter avec résignation des peines infiniment moindres et toujours accompagnées de l'espérance consolatrice d'une meilleure vie ! Puisse-t-il encore remplir leur cœur de reconnaissance et d'amour pour le Dieu qui les a fait naître dans des conditions si favorables, et les attacher de plus en plus à la religion divine qu'elles ont le bonheur de professer !

PERSONNAGES :

Madame SÉRAPHINE D'HENCOURT, institutrice française.
Madame DE MAUBEUGE, touriste française.
KHADIDJA, mauresque, femme de BEN-CHÉRID.
ROIMA, fille de BEN-CHÉRID et de KHADIDJA.
ZHORA, femme d'OMAR BEN-CHÉRID, belle-fille de BEN-CHÉRID et de KHADIDJA.
AICHA, fille d'OMAR et de ZHORA, âgée de 4 ou 5 ans.
YAMOUNA, fille adoptive de BEN-CHÉRID.
ZULMÉ, négresse esclave, nourrice de YAMOUNA.
JUDITH, vieille juive.
HUMOUNI devineresse arabe.
GERMAINE, Française, femme de chambre de madame DE MAUBEUGE.
Chœur de jeunes filles françaises, élèves de madame SÉRAPHINE.

La scène se passe à Constantine.

YAMOUNA

DRAME EN TROIS ACTES

ACTE PREMIER.

Le théâtre représente une pièce longue et étroite dont les murs sont lambrissés d'étoffes précieuses et le sol recouvert de moelleux tapis, on n'y voit pour tout meuble que des piles de coussins.

SCÈNE PREMIÈRE.

SÉRAPHINE, YAMOUNA.

YAMOUNA.

Oh ! de grâce, encore un instant. Ta présence me réjouit comme la pluie du ciel réjouit la terre desséchée par le sirocco (1); tes paroles sont plus douces à mon cœur que le lait de nos chamelles à la bouche du voyageur altéré; tout ce que tu m'apprends m'étonne et me ravit.

SÉRAPHINE.

Bonne et naïve créature !

(1) Le vent du désert.

YAMOUNA.

Parle encore ; est-il possible que dans ton pays la femme, compagne de l'homme et non plus son esclave, jouisse des mêmes droits et des mêmes priviléges que lui ? est-il bien vrai surtout que les mêmes récompenses lui soient promises après sa mort, que le même ciel puisse devenir son partage ?

SÉRAPHINE.

Aussi vrai que c'est le soleil qui nous éclaire.

YAMOUNA.

Que vous êtes donc heureuses, vous autres Européennes, d'avoir à la fois la liberté dans la vie présente et l'espérance pour l'avenir !

SÉRAPHINE.

Ce bonheur, je te l'ai déjà dit, Yamouna, c'est au christianisme, à cette religion de grâce et d'amour que nous le devons tout entier. Avant la naissance du Christ, de ce divin Jésus que les Musulmans eux-mêmes vénèrent comme un prophète, et que nous adorons comme Dieu, la femme, subissant ainsi que vous le joug du plus fort, abrutie par l'esclavage, ne connaissait ni sa dignité ni ses droits ; de Jésus seul elle a appris toute la noblesse de son origine ; et créature immortelle, faite à l'image de Dieu même, rachetée par le sang du Christ, elle a repris sur la terre son rang naturel à côté de l'homme, chef de la famille, il est vrai, mais le compagnon, l'ami de la femme, son égal enfin et non plus son tyran.

YAMOUNA.

Oh! que vous devez aimer le divin Aïssa (1), à qui vous êtes redevables d'un si grand bienfait, et qui, comme tu me l'as appris, est mort pour vous l'obtenir!

SÉRAPHINE.

Tu as raison, Yamouna; mais ce Jésus est mort pour toi comme pour nous, son sang précieux a coulé pour tous les hommes, et il ne tient qu'à toi de t'en appliquer les mérites.

YAMOUNA, tristement.

La tourterelle captive ne saurait briser sa cage! est-ce que la pauvre mauresque pourrait secouer le joug qui l'accable?

SÉRAPHINE.

Le nègre qui, par ordre du maître, garde la porte de ta maison, peut t'empêcher d'en sortir, Yamouna; ton corps mortel peut recevoir des chaînes; mais ton âme, pur esprit, que nulle violence ne peut atteindre, que nulle entrave ne saurait retenir, est toujours libre de s'élever vers son créateur, et peut obtenir, sinon la liberté sur la terre, du moins le bonheur infini que Dieu réserve à ses élus.

YAMOUNA.

Et que faut-il faire pour cela?

SÉRAPHINE.

Croire et aimer.

(1) Aïssa veut dire Jésus en arabe.

YAMOUNA.

Mon cœur est déjà ouvert à l'amour de ton Dieu, comme les fleurs du cactus aux gouttes de rosée ; apprends-moi maintenant tout ce qu'il faut que je croie.

SÉRAPHINE.

Écoute, chère enfant, je ne suis qu'une simple femme, incapable de parler dignement des merveilles de notre sainte religion ; j'essayerai néanmoins, si je ne puis trouver de meilleur moyen de te faire instruire de nos augustes mystères ; supplions ensemble le Dieu des miséricordes de nous venir en aide. J'entrevois bien des difficultés, bien des persécutions à essuyer peut-être, mais le Seigneur est tout-puissant et il ne nous abandonnera point. J'ai formé un projet que je te communiquerai plus tard ; en attendant prie et espère, pauvre enfant.

YAMOUNA.

Quand te reverrai-je, perle précieuse, lumière de mes yeux ?

SÉRAPHINE.

Demain, aujourd'hui peut-être, car c'est jour de congé pour mes jeunes élèves, et une Française de mes amies, nouvellement arrivée à Constantine, désire faire ta connaissance ; c'est une personne du plus grand mérite, qui joint aux vertus solides qu'inspire le christianisme toutes les douces qualités qui rendent une femme aimable. Je lui ai promis de la conduire chez toi, dès qu'elle serait reposée des fatigues de la route; mais dis-moi, Yamouna, ne crains-tu pas que ta belle-mère ne voie de mauvais œil mes fréquentes visites ?

YAMOUNA.

Non, non, mon cœur; nous autres, pauvres recluses, pour qui les heures s'écoulent si lentement, nous ne demandons pas mieux que de recevoir des visites; toute distraction à notre vie monotone ne peut que nous être agréable; mais ta présence est plus qu'une distraction, c'est pour nous toutes un bonheur véritable, car depuis cet heureux jour où ta science et tes soins sauvèrent la vie à la petite Aïcha, ma belle-mère et ses filles te chérissent presque autant que moi-même.

SÉRAPHINE.

Au revoir donc, ma chère enfant, ma sœur en Jésus-Christ.

SCÈNE II.

YAMOUNA,

Après un moment de réflexions.

Que se passe-t-il dans mon cœur? quel sentiment inconnu l'anime et le transporte? Prie et espère, m'a-t-elle dit. Hélas ! que dois-je espérer, et comment prierai-je, moi, pauvre créature qui n'ai rien vu, rien appris ? Sera-ce en roulant dans mes doigts les grains de corail de mon chapelet et en répétant les paroles du Coran : Il n'y a de Dieu que Dieu, et Mahomet est son prophète ?.... Mais, comme dit

Séraphine, ma raison et mon cœur ne me défendent-ils point de considérer comme prophète l'homme qui me ravale au rang des animaux.....

SCÈNE III.

YAMOUNA, ZHORA.

ZHORA.

Bonne nouvelle, Yamouna, nous avons la permission d'aller au bain cet après-midi ; ainsi tu peux faire ta toilette, pour moi je mettrai ma tunique de velours noir, ma djebba (1) à fleurs d'or et mon collier de diamants, voilà de quoi faire enrager plus d'une jeune femme.... Eh bien ! tu ne me réponds point, n'es-tu pas contente comme moi ? depuis quelque temps tu deviens aussi maussade que ta sœur Roïma ou que sa méchante mère.

YAMOUNA, avec douceur.

En quoi t'ai-je offensée, Zhora ?

ZHORA.

En rien, mon petit cœur, seulement depuis quelques jours tu ne te montres plus joyeuse et expansive comme jadis, tu te tiens à l'écart silencieuse et mélancolique, et cela me fait de la peine de te voir triste ; car tu sais bien que ma petite Aïcha et toi, vous êtes les seules personnes que j'aime ici.... Mais j'y pense, peut-être es-tu jalouse du collier qu'Omar m'a apporté de Tunis ? Console-toi, mon

(1) Djebba, robe des mauresques.

amour, lorsque tu seras mariée, ce qui ne tardera pas maintenant que tu es devenue grande, tu recevras aussi de riches bijoux ; car tu es belle, Yamouna, et ton mari ne saurait manquer d'être généreux pour une femme aussi charmante.

YAMOUNA.

Tu te trompes, Zhora, je ne suis nullement jalouse de ton collier, et je désire que tu en jouisses longtemps en bonne santé.

ZHORA.

Alors pourquoi es-tu triste? Roïma t'aurait-elle joué quelques mauvais tours ou ta belle-mère t'aurait-elle grondée, comme cela lui arrive si souvent.

YAMOUNA.

Non, mon amie.

ZHORA.

Aurais-tu cassé la belle poupée française que Ben-Gherid te donna pour les fêtes du rhamadan et qui excita si fort la jalousie de Roïma et de sa mère, et un peu la mienne aussi, quoique je ne t'en aie jamais parlé ?

YAMOUNA, souriant.

Rien de tout cela, et si ma poupée te plaît si fort, la voilà, je te la donne.

ZHORA.

Quoi! tu te priverais de ce charmant joujou!

YAMOUNA.

Ce n'est point une privation que je m'impose,

car voilà plus de huit jours que je ne l'avais tirée de son coffre... des pensées plus sérieuses occupent mon esprit.

ZHORA, embrassant la poupé.

Que je suis donc contente ! et comme ma belle-mère va être vexée en voyant cette belle Française en mon pouvoir !.... seulement donne-moi aussi le coffre, afin que je puisse mettre sous clef pendant la nuit cette femme de carton, qui remue les yeux et se met à genoux comme une personne naturelle ; je crains qu'elle ne vienne gratter les pieds de ma petite Aïcha ; car, comme il n'y a qu'un sorcier qui puisse avoir fait une machine si merveilleuse, qui peut répondre que l'âme du sorcier ne soit pas dans le corps de la poupée (1) ?

YAMOUNA.

Je n'en crois rien, et la preuve c'est que voici trois mois que je la garde dans ma chambre sans qu'elle ait bougé le moins du monde..... mais n'importe, voilà aussi le coffre et la clef.

ZHORA.

Oh ! quel plaisir ! je suis si joyeuse que je ne sens plus le coup de poing qu'Omar m'a donné ce matin.

YAMOUNA, d'un air indigné.

Ton mari t'a battue, toi, si douce envers lui !

(1) Historique. La belle mauresque qui témoignait cette crainte à la vue d'une poupée à ressort est une des plus distinguées et des plus intelligentes de Constantine.

ZHORA.

C'est toujours parce que sa mère lui porte plainte contre moi ; mais bah ! je n'y fais guère attention, j'y suis habituée. (Caressant la poupée.) Oh ! que je suis donc joyeuse de posséder un objet si merveilleux ! Adieu, Yamouna, si mes bracelets d'or pouvaient te faire plaisir à porter de temps en temps, je te les prêterai de bon cœur, tout ce que je possède est à ton service après le procédé que tu viens d'avoir pour moi..... Je cours montrer la poupée à ma belle-mère, ainsi qu'à Roïma..... vont-elles enrager toutes deux !

SCÈNE IV.

YAMOUNA, tristement.

Quelle différence, mon Dieu ! entre la femme d'Omar et Séraphine ! L'une passant, comme nous toutes, les longues heures de la journée dans l'oisiveté et l'ennui, ne trouvant de plaisir qu'à se parer et à exciter la jalousie de ses compagnes, l'autre toujours occupée du soin d'être utile et agréable à ses semblables !.... et Zhora est cependant une des meilleures femmes que je connaisse : franche et confiante, son cœur ne demanderait qu'à aimer ! Qu'est-ce qui peut établir entre deux personnes naturellement bonnes et aimables ce contraste étonnant qui m'a frappée au premier abord, si ce n'est la religion divine dont Séraphine m'a déjà appris de si belles choses... Quelle différence aussi dans la position de l'une et de l'autre : la Française, libre et indépendante, estimée dans sa famille ; l'Arabe, jouet d'un mari capricieux et brutal, qui l'a épousée sans la connaître, qui n'aime en elle qu'une beauté fragile et passagère que quelques années flétriront bien vite ; alors le maître choisira une autre esclave, et la première femme, mise au rebut, comme un vêtement inutile, languira délaissée et mourra sans espoir..... Et voilà le sort qui m'attend, voilà l'avenir qu'on me prépare..... Oh ! tout mon être se révolte maintenant à cette pensée humiliante, je sens en moi quelque chose qui me dit que j'ai été créée pour un plus noble destin..... Et cependant mes compagnes insouciantes, sinon heureuses, ne rêvent pas un meilleur sort..... Un autre sang coule-t-il donc dans mes veines ? ou les paroles de Séraphine ont-elles seules suscité d'autres sentiments dans mon cœur ?..... Et quel sera le résultat de ces pensées nouvelles ?.... un malheur plus complet peut-être !.... Dieu de Séraphine, Dieu que je ne connais point encore, mais que j'adore en secret, prends pitié d'une pauvre créature qui n'espère qu'en toi !

SCÈNE V.

YAMOUNA, ZULMÉ.

ZULMÉ.

Je te cherchais, maîtresse. Que fais-tu donc ainsi toute seule, tandis que tes belles-sœurs se parent pour aller au bain ? Ne veux-tu point que je prépare aussi ta toilette ?

YAMOUNA.

Non, ma bonne Zulmé, je n'irai point au bain avec elles.

ZULMÉ.

Alors laisse-moi peindre tes sourcils et appliquer la teinture du heuna sur les ongles de tes mains et de tes pieds. Mais pourquoi ne vas-tu pas au bain, puisque tu en as la permission? y a-t-il pour une jeune fille un plaisir plus délicieux? n'est-ce point là surtout que l'on peut montrer aux autres femmes sa beauté et la richesse de ses habits? n'est-ce point là aussi qu'on entend raconter les anecdotes scandaleuses et les histoires amusantes de la ville?

YAMOUNA.

C'est tout cela qui m'ennuie et me répugne.

ZULMÉ.

Et d'où vient que ce qui t'amusait autrefois te répugne maintenant? Hélas! hélas! quel changement se fait dans tes idées et dans toute ta personne? Vas-tu devenir comme ta pauvre mère?.... Oh! pourquoi la Française a-t-elle mis le pied dans la maison, si elle devait y apporter la tristesse et les regrets!

YAMOUNA, vivement.

Que dis-tu là, nourrice?

ZULMÉ.

Je dis que tu maigris à vue d'œil, que tes joues ont déjà perdu ces belles couleurs purpurines qui faisaient le désespoir de tes compagnes. Yamouna, ma fille, il faut porter remède à ce mal; que dirait le maître, s'il s'en apercevait? Heureusement que je sais un moyen infaillible de te rendre ton embonpoint : dès demain je te préparerai un breuvage tout-puissant, le vase qui le contiendra sera couvert de sept toiles neuves que nous enlèverons une à une chaque jour à mesure que tu prendras la liqueur; le septième, je ferai ta toilette, et tu te retrouveras plus belle que jamais (1).

YAMOUNA.

Ce n'est ni ma beauté ni mon embonpoint qui m'occupent, nourrice.

ZULMÉ.

Et qu'est-ce donc qui peut te chagriner au moment où l'avenir paraît te sourire enfin ; car je vais te dire un grand secret, Yamouna, un secret qui me rend bien joyeuse, c'est que le maure Ben-Cerrage, l'homme le plus riche de la ville, te recherche pour femme, et le marché est presque conclu entre lui et le maître. Je n'avais pas voulu t'en parler jusqu'ici de peur de te causer une déception, si l'affaire venait malheureusement à manquer, mais je ne puis taire plus longtemps cette bonne nouvelle.

YAMOUNA, cachant sa tête dans ses mains.

Oh ! mon Dieu ! mon Dieu !.... Il ne me manquait plus que ce malheur.

ZULMÉ.

Tu m'effrayes, ma fille ! quel malheur peux-tu

(1) Usage superstitieux des femmes mauresques.

trouver à épouser un homme riche, jeune, et qui n'a pas encore d'autre femme ?.... Tu ne me réponds point ; tu pleures, Yamouna, ne sais-tu pas que les larmes usent la beauté ?... Tes sanglots me fendent le cœur..... Il me semble voir ta pauvre mère.....

YAMOUNA.

Oh ! parle-moi d'elle, nourrice ; pleurait-elle donc aussi ?

ZULMÉ.

Nuit et jour ; arrachée violemment à son pays, à sa famille, elle avait des chagrins que nous n'avons jamais bien compris ; je l'ai toujours présente devant mes yeux ; elle était jeune et belle comme toi, le maître l'aimait beaucoup à cause de ses cheveux d'or, elle aurait pu tout obtenir de lui, mais elle s'en souciait peu, son cœur était resté dans sa patrie.

YAMOUNA

Quelle était donc sa patrie ?

ZULMÉ.

Dieu seul le sait, car elle ne parlait guère notre langue ; et, d'ailleurs, toujours seule et à l'écart, elle paraissait fuir la société des autres femmes, et détester nos usages.

YAMOUNA.

Elle est morte en me donnant le jour, m'as-tu souvent répété. Le chagrin l'a tuée sans doute, car le chagrin peut tuer, je ne le sens que trop.

ZULMÉ, d'un air sombre.

Oui, le chagrin l'a tuée, le chagrin et autre chose peut-être.

YAMOUNA.

Quoi donc encore ?

ZULMÉ.

Ta belle-mère pourrait te le dire.

YAMOUNA.

Quel rapport peuvent avoir ensemble la fière Khadidja et la pauvre étrangère dont elle ne parle, hélas ! qu'avec mépris. Explique-moi ce mystère, nourrice, je ne sais pourquoi tes derniers mots me glacent d'épouvante.

ZULMÉ, d'un ton d'effroi.

Que t'ai-je donc dit ?..... Je ne sais rien, je n'ai rien vu.... Oublie mes paroles imprudentes, Yamouna, un mot indiscret pourrait me coûter la vie.

YAMOUNA.

Tranquillise-toi, nourrice, je saurai me taire, mais je veux tout savoir.

ZULMÉ.

Encore une fois, je ne sais rien, rien absolument.

YAMOUNA.

Je veux tout savoir, te dis-je, je le veux : ce n'est pas la première fois que le mystère de ma naissance préoccupe mon esprit ; Roïma, malgré sa froide insouciance, ne m'a-t-elle pas fait entendre à mots couverts que Ben-Chérid n'était pas mon père, et que sa bonté seule m'avait élevée au rang de sa fille adoptive ?

ZULMÉ.

Roïma a tenu un pareil discours?...... Hélas ! hélas ! combien ces paroles m'affligent.

YAMOUNA.

Explique-les-moi toutes entières ?

ZULMÉ.

O mon enfant, écoute les conseils de ta vieille nourrice, n'excite point le courroux endormi de la perfide Khadidja.

YAMOUNA.

Qu'ai-je à craindre de sa fureur, moi, pauvre fille, qui ne lui ai jamais fait de mal ?

ZULMÉ.

Et quel mal lui avait fait ta mère, si douce et si bonne !..... Crois-moi, mon enfant, désarme au moins par tes flatteries et ta soumission la malveillance de Khadidja, si, comme je le crains, ta grâce et ta beauté ont excité la jalousie de sa fille.

YAMOUNA.

Par la tendresse que tu me portes, un mot, un seul mot qui m'éclaire.....

ZULMÉ.

Silence, on marche dans la galerie, c'est Roïma elle-même.....

SCÈNE VI.
YAMOUNA, ROIMA, ZULMÉ.

ROÏMA.

Je viens de voir entre les mains de Zhora la belle poupée dont mon père t'avait fait cadeau, Yamouna, c'est donc là le cas que tu fais des générosités de Ben-Chérid.

YAMOUNA.

Cette poupée faisait depuis longtemps envie à ta belle-sœur, à la femme de ton frère, je la lui ai donnée pour lui être agréable, notre père lui-même ne m'en saura pas mauvais gré, j'en suis sûre.

ROÏMA.

Mais, moi aussi, j'aurais été charmée de posséder cette merveille.

YAMOUNA.

Pouvais-je la partager ?

ROÏMA.

Il me semble que la fille de Ben-Chérid et de Khadidja méritait la préférence.

ZULMÉ.

Si ma maîtresse avait su que la noble Roïma eût envie de ce jouet, c'est à elle sans doute qu'elle l'eût offert.

YAMOUNA.

Tu te trompes, nourrice.

ZULMÉ, bas.

Apprends donc à dissimuler.

YAMOUNA.

C'est contre ma nature. (Haut.) Roïma, s'ij'avais eu deux poupées, la seconde eût été pour toi.

ROÏMA, ironiquement.

C'est une grande preuve de tendresse que tu me donnes là.... Zhora est donc avant moi dans ton cœur, je devais m'y attendre. Eh ! bien, tu ne me réponds point ?

YAMOUNA.

Que veux-tu que je te dise ? je n'aime pas les disputes, et je me retire.

SCÈNE VII.
ROIMA, ZULMÉ.

ROÏMA.

Comme c'est aimable ! moi, qui comptais sur elle pour me distraire un peu, que vais-je devenir maintenant?... (Elle s'accroupit sur des coussins.) Zulmé, quelle heure est-il ?

ZULMÉ.

Le Muezzin (1) vient d'appeler à la prière pour la troisième fois.

(1) Le Muezzin. Musulmans attachés aux mosquées qui annoncent à différentes heures du jour et de la nuit l'heure de la prière, en se tournant vers les quatre points cardinaux, et en récitant d'une voix forte certains versets du Koran.

ROÏMA, nonchalamment.

Encore deux heures avant d'aller au bain ! si je pouvais dormir jusque-là, ce serait autant de temps de passé ; mais le moyen, je me réveille à peine !... Quelle chaleur accablante ! viens m'éventer, Zulmé, et tâche de me divertir en me racontant quelque histoire.

ZULMÉ, prenant l'éventail.

Je t'ai répété plusieurs fois toutes celles que je sais.

ROÏMA, d'un ton d'impatience.

Esclave, songe à m'obéir.

ZULMÉ, tout en faisant du vent.

Eh ! bien, écoute : « Il existait à Tabua une ancienne famille.....

ROÏMA.

A propos, comment trouves-tu cette couleur verte dont j'ai fait teindre mes mains ? cela né va-t-il pas mieux que du bistre ?

ZULMÉ.

Infiniment mieux. Ce vert fait ressortir la blancheur de ta peau.

ROÏMA.

Tu as du sens, Zulmé. Que te semble-t-il de la courbe donnée à mes sourcils ?

ZULMÉ.

Je la trouve très-gracieuse.

ROÏMA.

Vraiment, je ne te croyais point si bon goût; dis-moi encore, n'est-il pas certain, quoi qu'on en puisse dire, que mes yeux sont plus grands que ceux de la femme d'Omar, et que mon teint ne le cède en rien à la blancheur de celui de Yamouna?

ZULMÉ, d'un ton flatteur.

Vous êtes charmantes toutes trois.

ROÏMA.

Pourquoi mes belles-sœurs préfèrent-elles leur beauté à la mienne?

ZULMÉ.

Elles auraient tort, s'il en était ainsi; mais Yamouna du moins te rend entière justice, car elle t'admire autant qu'elle t'aime. « As-tu remarqué combien Roïma a embelli depuis quelque temps? » m'a-t-elle répété maintes fois; « sa taille s'élance comme la tige du palmier, ses yeux ont la douceur de ceux de la gazelle, ses lèvres sont deux branches de corail, et ses dents un collier de perles. »

ROÏMA, avec joie.

Yamouna t'a dit cela de moi?

ZULMÉ.

Ce matin encore.

ROÏMA.

C'est une bonne fille au fond, un peu capricieuse, un peu étrange, mais pleine de jugement et de franchise.

ZULMÉ.

Et qui t'est fort attachée, ainsi qu'à Lella (1) Khadidja.

ROÏMA.

Je suis bien aise de l'apprendre de ta bouche, car je craignais le contraire : mais continue ton histoire.

ZULMÉ.

Je te disais donc qu'il y avait autrefois à Tabua une ancienne famille, jouissant d'une grande considération dans le pays. Le chef, qui passait pour très-sage, dit un jour à son frère qu'il venait d'avoir une révélation en songe, et que le jour où l'on découvrirait à Tabua les traces d'un chameau, serait le signal de l'invasion des ennemis (2).

Peu de temps après, ayant envoyé un de ses domestiques avec un âne pour chercher des fruits dans un jardin à quelques lieues de la ville, il fut très-surpris de voir revenir cet animal avec des paniers chargés inégalement : c'était Sidi Ali, général de l'armée arabe, qui, se promenant avec quelques-uns de ses officiers, avait enlevé des fruits de l'un des deux paniers.

Le maître de l'âne soupçonnant une partie de la vérité, parcourut les environs de la ville, et reconnut le pas d'un chameau indiqué sur le sol. Se rappelant alors son rêve il rentra chez lui sans rien

---

(1) Le mot *Lella* signifie *Madame* ; on ne se sert de ce mot qu'envers les femmes de noble race.

(2) Ce récit de Zulmé est une légende arabe que l'on regarde comme digne de foi dans le pays.

dire, réalisa ses biens en numéraire ; mais avant de quitter la ville il prit un couple de pigeons, et, après avoir enlevé toutes les plumes de la femelle, il la cacha sous un plat, il lui mit au cou un billet ainsi conçu : « Celui qui imitera le compagnon de « ce pigeon en retirera de grands bénéfices ; celui « qui fermera l'oreille à cet avis éprouvera le sort « de celui-ci, et se verra bientôt dépouillé de ses « plumes. »

Il alla se réfugier sur le Bou-Taleb, d'où il lâcha le second pigeon portant un billet sur lequel le seul mot de Bou-Taleb était tracé ; les habitants de Tabua que la disparition du chef avait inquiétés, en eurent l'explication lorsqu'ils virent revenir ce pigeon. Grand nombre allèrent le rejoindre ; d'autres plus incrédules n'abandonnèrent point Tabua, où ils furent bientôt surpris par l'ennemi qui en fit un grand massacre.

ZULMÉ, *se retirant sans bruit en voyant Roïma endormie.*

Allons rejoindre Yamouna, grâce à ma présence d'esprit, voilà que pour quelque temps du moins cette chère enfant n'a rien à craindre de la jalousie de Roïma : puissé-je éloigner toujours ainsi les périls qui la menacent !

SCÈNE VIII.

KHADIDJA, ROIMA, endormie.

KHADIDJA.

Roïma !...

ROÏMA, se frottant les yeux.

Qui m'appelle?..... Ah! c'est toi, mère, pourquoi m'as-tu réveillée? on est si bien quand on dort!

KHADIDJA.

Parce qu'il n'est pas temps de dormir lorsque tes intérêts sont compromis.

ROÏMA.

Que veux-tu dire?

KHADIDJA.

Écoute-moi, et tâche de me comprendre; sais-tu que tu avances dans ta douzième année, et qu'il serait bien temps de penser à ton mariage?

ROÏMA.

Je ne demande pas mieux.

KHADIDJA.

Sidi Ben-Chérid, ton père, aurait dû s'en occuper depuis longtemps. (Baissant la voix.) Mais c'est un homme sans énergie et d'une indolence telle qu'elle lui fait souvent négliger ses intérêts les plus chers.

ROÏMA.

Tu me l'as souvent répété, mère.

KHADIDJA.

Cependant le maure Ben-Cerrage veut épouser Yamouna, et ton père, séduit par les riches cadeaux qui lui sont offerts, consent à la lui donner en mariage.

ROÏMA.

Tant mieux ! nous serons de la noce, mère, il me faudra une tunique neuve pour ce jour-là.

KHADIDJA, la regardant d'un air indigné.

Et tu verrais sans rougir l'enfant de l'étrangère se marier avant toi !.... toi, la fille de Khadidja !

ROÏMA.

Mais Yamouna est plus âgée de deux ans, mère.

KHADIDJA, frappant du pied.

Et l'homme qu'elle épouse est le plus riche de la ville.

ROÏMA.

Il est fâcheux pour moi qu'il n'ait pas eu la pensée de me demander à sa place, car enfin je suis belle aussi, n'est-ce pas ?

KHADIDJA.

Et de plus tu es ma fille, et tout le monde sait de quelle noble maison je tire mon origine.

ROÏMA.

Oui, d'une famille de Bey.

KHADIDJA.

Et la mère de Yamouna n'était qu'une pauvre esclave.

ROÏMA.

Cela est vrai pourtant.

KHADIDJA.

Ben-Chérid, tout faible qu'il est, ne saurait avoir pour cette étrangère la tendresse qu'il doit porter à sa fille légitime.

ROÏMA.

C'est probable, quoiqu'il paraisse l'aimer beaucoup.

KHADIDJA.

Et tu ne tenterais rien pour supplanter ta rivale?.... mais mon sang ne bout donc pas dans tes veines, comme dans les miennes?

ROÏMA.

Et que veux-tu que je fasse, mère?

KHADIDJA.

Ce que je veux..... rien absolument..... dans trois jours Yamouna sera la femme de Ben-Cerrage, elle recevra de lui de riches présents, des diamants magnifiques qui relèveront encore cette beauté dont elle est si fière; elle habitera une grande et belle maison; vingt esclaves empressées autour de leur maîtresse préviendront ses moindres désirs; toi cependant, Roïma, tu auras une tunique neuve pour le jour de la noce.

ROÏMA.

Tu me désoles, mère..... que puis-je faire enfin?

KHADIDJA, levant les épaules.

Rien, te dis-je..... tu auras une tunique neuve... Mais on vient... c'est la vieille Judith.

ROÏMA.

Tant mieux, elle a toujours quelque histoire amusante à raconter.

SCÈNE IX.

KHADIDJA, ROIMA, JUDITH.

KHADIDJA, à la juive qui s'avance avec lenteur et méfiance.

Approche ici, Judith, je t'attendais avec impatience.

(Judith, s'inclinant jusqu'à terre, baise la main que lui tend Khadidja, et se tient debout devant elle, dans la posture d'une basse soumission.)

KHADIDJA.

Eh bien! m'apportes-tu de bonnes nouvelles ?

JUDITH.

Non pas telles que je les désirerais.

KHADIDJA.

As-tu vu Ben-Cerrage ?

JUDITH.

Je l'ai vu.

KHADIDJA.

Et que lui as-tu dit ? que t'a-t-il répondu ? explique-toi, je brûle de tout apprendre.

JUDITH.

Ta fille doit-elle être présente à cet entretien ?

KHADIDJA.

Sans doute.

JUDITH, regardant autour d'elle d'un air de méfiance.

Puis-je parler sans crainte d'être entendue par d'autres oreilles que les nôtres ?

KHADIDJA.

Parle, te dis-je.

JUDITH.

Tu sauras d'abord, très-noble et très-honorée Lella Khadidja, que ton humble servante a eu toutes les peines du monde à aborder Sidi-ben-Cerrage; une vieille négresse, qui l'a soigné dans son enfance, m'a fait chasser deux fois de chez lui tandis que je l'attendais dans la cour, sous prétexte que son jeune maître n'aime point celles de ma race ; j'ai même reçu plusieurs coups de bâton dont je pourrais te montrer les marques.

KHADIDJA.

C'est bien, tout cela te sera compté, tu sais comment je récompense ceux qui me servent fidèlement.

JUDITH.

Oui, oui, je connais la générosité de Lella Khadidja, et c'est pour cela que j'ai tout bravé pour te servir.

KHADIDJA.

Enfin tu as trouvé le moyen de répéter à ce jeune homme tout ce que je t'avais chargé de lui dire.

JUDITH.

A sa maison de campagne, à trois quarts de lieues de la ville. J'ai fait ce trajet-là à pied, et mes vieille jambes ont eu bien de la peine à me porter.

KHADIDJA.

Je t'entends, Judith, encore une fois aucune de tes peines ne sera perdue, mais hâte-toi de me raconter ce que tu sais.

JUDITH.

Sidi-ben-Cerrage était couché près de la fontaine, à l'ombre d'un palmier.....

ROÏMA.

Quel homme est-ce que Sidi-ben-Cerrage?

JUDITH.

Je l'ai déjà dit, un homme qui possède des richesses immenses.

ROÏMA.

Mais sa tournure et son visage?

JUDITH.

Taille trapue, yeux fauves, regard ardent et impérieux.

ROÏMA.

Tout cela ne doit pas faire un bel homme.

JUDITH.

On est toujours beau quand on a une fortune

qui permet de donner 20,000 douros de bijoux à la femme que l'on prend ; demande plutôt à ta mère.

KHADIDJA.

La juive a raison, continue, Judith.

JUDITH.

Je me suis approchée en lui demandant la permission de cueillir des fleurs de mauve dans son jardin, ajoutant que je venais exprès de Constantine pour cela. — Vieille folle, a-t-il répondu, qui viens chercher bien loin ce qui croît en abondance et de plus belle espèce tout autour de la ville. — Tu as raison, lui dis-je, mais je connais un homme plus fou mille fois, et cet homme n'est pas loin d'ici. — De qui veux-tu parler, juive? a-t-il répondu en me regardant de travers. — Du riche Maure qui, pouvant choisir entre deux diamants de grand prix, dédaigne le plus beau pour s'emparer de celui qui a le moins de valeur. — Explique-toi sans crainte, dit-il. Aussitôt je lui ai répété tout ce que tu m'avais appris de la naissance de Yamouna, je lui ai vanté les attraits de ta charmante fille ; mais faut-il te l'avouer, noble Lella Khadidja, tout cela a paru faire peu d'impression sur son esprit. — Nadidja, ma nourrice, m'a assuré que Yamouna était plus belle que les houris du prophète, m'a-t-il répondu ; Ben-Chérid a déjà accepté mes offres, c'est un marché conclu, et il n'y a plus à y revenir.

KHADIDJA, en colère.

Et voilà tout ce que tu as fait pour notre cause,

chienne? Et tu as le front de me vanter tes services, et d'espérer une récompense!

JUDITH.

Ne te fâche pas ainsi, bonne et généreuse Lella Khadidja, que voulais-tu que je fisse de plus?

KHADIDJA.

Lui dire qu'on l'avait trompé, que Yamouna est louche et bossue, que sais-je, mais que les yeux de Roïma sont plus éclatants que le soleil et sa taille plus droite que le palmier... réussir enfin.... Mais non, tu n'as apporté que négligence dans une affaire si importante, tu vieillis et tu baisses, Judith.

JUDITH.

Je ne mérite point ces reproches, et les vingt-cinq douros(1) que tu m'as promis me sont certainement bien dus.

KHADIDJA.

Vingt-cinq douros! par Mahomet! c'est vingt-cinq coups de bâton que tu veux dire, et j'ai envie de te les faire donner à l'instant même.

JUDITH, se redressant.

Tu n'en feras rien, Khadidja, car tu sais que sans moi ton second mari eût été sans pitié, le Rummel eût englouti peut-être une femme de plus, en compagnie d'un chat et d'une vipère.... (2)

---

(1) Le douro vaut cinq francs.
(2) Les femmes arabes, soupçonnées d'infidélité envers

KHADIDJA, dans une fureur toujours croissante.

Tais-toi, chienne impudente.

JUDITH.

Tu n'en feras rien, car tu te souviens que sans mon secours la belle Hélène ferait sans doute les délices de ton troisième époux, Sidi-ben-Chérid...

KHADIDJA.

Te tairas-tu !.... sors d'ici, Roïma.

SCÈNE X.
KHADIDJA, JUDITH.

JUDITH, continuant.

Tu n'en feras rien, car tu n'ignores pas...

KHADIDJA.

A-t-on même l'idée d'une telle effronterie !.... à moi, esclaves.... emparez-vous de cette infidèle.

JUDITH.

Tout doux !.... nous ne sommes plus au temps de vos Beys, où vous pouviez nous maltraiter impunément, nous autres pauvres Israélites ; les Français sont maintenant les maîtres, juifs et Arabes ont les mêmes droits devant leurs cadis.

leur mari étaient enfermées dans un sac et précipitées dans le Rummel. On mettait quelquefois dans ce même sac un chat et une vipère.

KHADIDJA.

Et voilà ce qui te donne l'audace de me pousser à bout!

JUDITH.

Cela même, noble Khadidja…. mais aussi pourquoi me refuser un juste salaire?... Voyons, femme de Ben-Chérid, calme ton courroux, et écoute ce qu'il me reste à t'apprendre.

KHADIDJA.

Tu n'avais donc pas tout dit?

JUDITH.

Non, car tu ne m'en as pas laissé le temps.

KHADIDJA.

Achève donc, vieille Judith.

JUDITH.

Où en étais-je? ton emportement a troublé mes souvenirs!... Ah! m'y voici. Sidi-ben-Cerrage me disait donc qu'il n'y avait plus à revenir là-dessus. — Mais, repris-je aussitôt, un homme comme toi, riche et puissant, ne saurait se contenter d'une seule femme; et, puisque ces filles ne sont pas sœurs, ne pourrais-tu pas les épouser toutes deux? Et je me mis à vanter derechef l'éclat de ta naissance et la beauté de ta fille: il m'écoutait attentivement. — Si tout ce que tu dis est vrai, ton conseil n'est pas à dédaigner, juive, m'a-t-il répondu, mais mon mariage avec Yamouna va me coûter près de 20,000 douros; une telle dépense ne se double pas aisément dans la même année. — Un homme aussi riche que toi n'y regarde pas de si près, lui ai-je dit encore. — Non, a-t-il répliqué, Yamouna me suffira pour le moment, dans six mois nous verrons. — Si j'étais à ta place, ai-je repris, je conclurais néanmoins ce second marché avec le père, de peur que ce trésor ne m'échappe.

KHADIDJA, vivement.

Et tu crois, juive, qu'il suivra ce conseil.

JUDITH.

J'en suis sûre d'après ce qu'il a ajouté.

KHADIDJA, rêveuse.

C'est quelque chose sans doute, et ce n'est cependant point encore tout ce que j'avais rêvé pour mon enfant chérie, ma bien-aimée Roïma, car elle ne serait ainsi que la seconde épouse, ce qui est toujours un désavantage; et, faut-il te l'avouer, Judith, c'est une dangereuse rivale pour ma pauvre Roïma qu'une personne aussi belle que la fille d'Hélène.

JUDITH, riant.

Ah!.... ah!.... j'en conviens volontiers, noble Khadidja.

KHADIDJA.

Tu sors du respect que tu me dois, vieille Judith; quel sentiment peut te pousser à rire ainsi?... ne sais-tu pas que mon enfant m'est plus chère que moi-même?

JUDITH.

Alors ne pourrais-tu faire pour elle ce que tu fis pour toi?..... as-tu donc oublié la belle Hélène..... ah ! ah !

KHADIDJA.

Je te comprends, tison d'enfer. Viens dans ma chambre toucher les douros que je t'ai promis, et me soumettre ton nouveau projet.

FIN DU PREMIER ACTE.

ACTE DEUXIÈME.

SCÈNE PREMIÈRE.

ZULMÉ, arrangeant les coussins.

Quel triste pressentiment me poursuit et m'agite! lorsque tout semble réussir au gré de mes souhaits, que contre mon attente Lella Khadidja elle-même, loin de s'opposer au brillant mariage de ma chère Yamouna, en hâte les préparatifs avec une ardeur presque maternelle; que le sort le plus heureux paraît réservé à l'enfant de mon amour ; que j'ai la promesse de la suivre dans sa nouvelle demeure, d'où vient donc que les larmes obscurcissent mes yeux, que les soupirs étouffent mon cœur?.... Oh! si, comme sa mère, elle devait périr victime d'une rivale jalouse ! ou si le chagrin, qui semble l'atteindre déjà, desséchait sur sa tige cette fleur à peine éclose !... que deviendrais-je, moi, pauvre créature, arrachée de si bonne heure à mon pays et à ma famille que je n'en ai pas même conservé le souvenir! moi, que les caresses enfantines de cette chère petite ont consolée des souffrances de l'esclavage, de la mort même de mon fils; moi, qui n'aime au monde que cette enfant abandonnée que sa mère me confia en mourant ; que deviendrais-je si je la voyais souffrir, ou si la mort cruelle l'arrachait à ma tendresse ? Ah ! que plutôt le malheur vienne fondre sur ma propre tête !.... Mais que dis-je ? folle que je suis ! quel danger pourrait la menacer ? jamais son étoile parut-elle plus brillante ? Ben-Cerrage jeune, riche, ne pourra la connaître sans l'aimer, elle si belle et si bonne. Avec un peu d'adresse nous conserverons notre empire, nous empêcherons d'autres mariages, et, paisible auprès de ma maîtresse, je coulerai des jours heureux.... Tout cela est probable et tout cela cependant ne saurait me rassurer ; une terreur secrète se glisse dans mon âme, mes cheveux se hérissent sur ma tête..... Hélène ! Hélène ! n'est-ce point ton ombre pâle et triste qui vient de m'apparaître pendant mon sommeil de midi ? que voulais-tu de moi, sinon me reprocher d'avoir manqué à mon serment ?... Mais hélas ! à quoi pourrait lui servir la connaissance de ce mystère, sinon à la rendre malheureuse comme toi... et puis-je me décider à faire son malheur, même pour accomplir un serment !....

SCÈNE II.

ZULMÉ, HUMOUNI, la devineresse.

HUMOUNI.

Tu m'as fait appeler, négresse.

ZULMÉ.

Oui, oui, je t'attendais avec impatience.

HUMOUNI.

Que veux-tu de moi?

ZULMÉ.

Que tu me révèles l'avenir.

HUMOUNI.

Je voudrais être sûre auparavant de l'état de t
bourse; as-tu de quoi me payer ma peine?

ZULMÉ.

Sois tranquille, sorcière, grâce à ma jeune maîtresse les douros sont nombreux dans mon coffre; emploie donc tout ton art à me faire connaître ce que je demande, et tu seras satisfaite.

HUMOUNI, sortant de dessous son melaïa (1) un vieux crible, quelques grians d'orge, et deux petites pierres dont l'une blanche et l'autre noire.

Que veux-tu savoir, négresse? serait-ce si ben-Chérid a l'intention de te rendre un jour la liberté? ou si Mahomet te réserve une longue vie?

ZULMÉ.

Rien de tout cela, dis-moi seulement si ma jeune maîtresse ne court aucun danger, l'événement qui se prépare sera-t-il heureux pour elle?

---

(1) Le Melaïa est une grande pièce d'étoffe de laine ou de coton, dont les femmes arabes et juives s'entourent entièrement la tête et le corps lorsqu'elles sortent dans la rue.

(La devineresse jette à plusieurs reprises les grains d'orge et les petites pierres sur son crible et paraît observer attentivement la disposition dans laquelle ils retombent. Zulmé, suit des yeux tous ses mouvements dans une anxiété superstitieuse) (1).

ZULMÉ.

Que vois-tu, Humouni ?

HUMOUNI.

La pierre noire a précédé sa compagne, la pierre noire domine la blanche, les grains d'orge sont dispersés, pas un n'est tombé d'aplomb sur les trous du crible; Zulmé, pauvre Zulmé, le vautour noir, emblème de malheur, plane sur ta jeune maîtresse, un grand danger la menace.

(ZULMÉ tombe sur ses genoux la face contre terre en poussant un cri étouffé ; la sorcière continue ses opérations.)

HUMOUNI.

Victoire! victoire! la pierre blanche tirée du tombeau de Sidi (2) Aïssa (3) triomphe à la fin, les grains d'orge se pressent autour d'elle dans une pose favorable, l'orage est conjuré, le vautour vaincu s'enfuit en toute hâte, rassure-toi, Zulmé, ta maîtresse doit être heureuse et toi avec elle.

ZULMÉ.

Tu me rends la vie.

---

(1) Toute cette scène retrace la manière dont agissent les devineresses du pays, qui sont en grande vogue et très-souvent consultées par les Mauresques.
(2) Sidi Seigneur.
(3) Jésus.

HUMOUNI.

Une maligne influence pèse cependant encore sur la destinée de celle que tu chéris : c'est ce grain à moitié corrompu que tu vois là-bas, mais il est en mon pouvoir de le combattre.

ZULMÉ.

Oh! je t'en conjure, savante Humouni, emploie à cela toute ton habileté ; si tu savais comme moi combien ma maîtresse mérite de bonheur !

HUMOUNI.

Il suffira de ce talisman que tu dois pendre à son cou.

ZULMÉ.

Merci, mille fois, bonne Humouni, voici un demi-douro pour te payer de ta peine.

HUMOUNI.

Donne, donne, négresse, quand tu auras de nouveau besoin de moi, je suis à ton service.

SCÈNE III.

Mme DE MAUBEUGE, SÉRAPHINE, ZULMÉ.

SÉRAPHINE.

Zulmé, où est ta maîtresse ?

ZULMÉ.

Elle fait la sieste, je crois.

SÉRAPHINE.

Avertis-la de notre arrivée, je te prie.

ZULMÉ.

Si elle dort, je ne voudrais pas la réveiller, car elle est bien souffrante depuis quelque temps ; mais je vais écouter à la porte de sa chambre.

SCÈNE IV.
Mme DE MAUBEUGE, Mme SÉRAPHINE D'HENRECOURT.

Mme DE MAUBEUGE, regardant autour d'elle.

Que tout ce que j'aperçois ici me paraît étrange !... Mais dites-moi, Séraphine, qu'est-ce donc que cette vieille femme au sourire sardonique qui sortait à mesure que nous entrions.

SÉRAPHINE.

Une devineresse, comme il m'a semblé la reconnaître au crible qu'elle portait sous son bras.

Mme DE MAUBEUGE.

Et que venait-elle faire ici ?

SÉRAPHINE..

Dire la bonne aventure à quelqu'une de ces dames, sans doute.

Mme DE MAUBEUGE.

Les Arabes croient donc aux sorciers et aux enchantements?

SÉRAPHINE.

Peu de peuples portent plus loin la superstition et l'amour du merveilleux ; les femmes surtout consultent à tout propos ces vieilles trompeuses, qui ont grand soin de leur prédire tantôt le fils qu'elles souhaitent avec ardeur, tantôt les bonnes grâces du mari qui les dédaigne ; elles leur révèlent les infidélités de leurs époux, et leur vendent des talismans pour raviver leur tendresse. Le hasard ou l'adresse de la sorcière, qui a soin de se tenir au courant des affaires de la famille, fait réussir quelquefois une partie de ses prédictions : il n'en faut pas davantage pour la mettre en vogue. Dès qu'un enfant vient au monde, on suspend à son cou des amulettes de toute nature : ce sont de petits sachets remplis de sel ou d'herbes sèches qui doivent le préserver de tout malheur, plus souvent encore de petits morceaux de papier renfermant quelque phrase du Koran. J'ai connu un thaleb (1), qui n'avait pas d'autre moyen de subsistance que le gain qu'il faisait en fabriquant ces amulettes. L'enfant tombe-t-il malade, la sorcière appelée tue un coq noir, dont le sang répandu avec certaines cérémonies doit servir à lui rendre la santé. Entre-t-il en convalescence, les femmes réunies dans la cour de la maison dansent au son des tams-tams pour éloigner à tout jamais le mauvais esprit. Je n'en finirais point si je voulais

---

(1) Thaleb signifie savant. Il suffit pour mériter ce titre chez les Arabes de pouvoir lire et écrire couramment, et de savoir par cœur un certain nombre de versets du Koran.

vous raconter les préjugés sans nombre, les mille superstitions enracinées dans ce pays.

Mme DE MAUBEUGE.

Mon Dieu, comment des êtres raisonnables peuvent-ils ajouter foi à tant d'absurdités?

SÉRAPHINE.

Pourrait-il en être autrement? la superstition et le fanatisme ne sont-ils pas les compagnons inséparables de l'ignorance et de l'erreur? et jamais ignorance fut-elle plus complète que celle de ces pauvres femmes, qui non-seulement ne savent ni lire ni écrire, ni penser ni agir, mais qui, s'ignorant elles-mêmes, ne connaissent de leur être que la partie matérielle et animale, de leur destinée présente et future qu'un esclavage avilissant. Leur religion ne leur offre pas un avenir plus consolant, elles n'obtiennent que dans la vieillesse la permission presque dérisoire d'aller prier à la porte des mosquées, dont l'entrée leur est interdite, le Dieu qui les exclut à jamais du ciel promis à leurs époux et à leurs fils.

Mme DE MAUBEUGE, d'un ton touché.

Que je plains ces pauvres victimes de la tyrannie d'un sexe plus fort, de l'injustice d'une religion absurde et cruelle à leur égard!

SÉRAPHINE, avec exaltation.

Oh! quand les lumières du christianisme éclaireront-elles ces ténèbres profondes! quand le baume souverain d'une religion divine adoucira-t-il toutes ces souffrances! que ne m'est-il donné de verser tout mon sang pour hâter l'aurore du soleil divin qui doit luire un jour, je l'espère, sur cette malheureuse contrée ! que ne puis-je procurer à une seule de ces pauvres femmes la grâce du baptême! alors ma vie n'aurait pas été inutile à mon prochain, et je paraîtrais avec confiance devant le trône de l'Éternel.

Mme DE MAUBEUGE.

Bonne Séraphine!.... Et c'est dans ce but charitable que vous avez appris si parfaitement la langue arabe, c'est pour cela que renonçant au sort brillant qui vous attendait dans votre patrie, vous prolongez votre séjour dans cette triste ville, où, modeste institutrice, vous formez à la vertu quelques jeunes filles confiées à vos soins !

SÉRAPHINE.

Je vous l'avoue, chère Madame, cet espoir que je cache au fond de mon cœur est maintenant le rêve de ma vie, toute mon existence. Veuve depuis longues années, orpheline et libre de mon sort et de ma fortune, je suivis en Afrique, par curiosité ou désœuvrement peut-être, sœur Françoise, religieuse hospitalière, la seule parente qui me restait au monde ; elle y est morte de la mort des saints, d'une maladie contagieuse contractée au chevet du lit des pauvres malades; mais déjà ses pieux exemples avaient produit sur mon âme une impression salutaire, et, désirant suivre la route qu'elle m'avait tracée, j'essayai de me rendre utile à mes compatriotes établis dans cette ville, en élevant leurs filles dans la crainte de Dieu, et aux pauvres Arabes, en faisant germer dans leur cœur quelques-unes des maximes de l'Evangile.

Mme DE MAUBEUGE.

Espérez-vous réussir auprès des Arabes?

SÉRAPHINE.

Hélas! jusqu'à présent Yamouna, cette jeune fille dont je vous ai parlé, si supérieure à ses compagnes par le développement de son intelligence et la délicatesse de ses sentiments qu'on serait tenté de croire qu'elle est d'une autre race; Yamouna est la seule qui, comprenant la supériorité et les avantages de nos institutions, et touchée de la perfection de la morale évangélique, ait conçu le désir d'en suivre les saintes lois.

Mme DE MAUBEUGE.

Et quel moyen comptez-vous employer pour l'instruire à fond des vérités de la religion, pour en faire une chrétienne enfin?

SÉRAPHINE.

Je l'ignore encore, car Ben-Chérid, austère et fanatique, ne consentira probablement jamais à la conversion de sa fille, et Ben-Chérid est puissant parmi les siens : puis, lors même que j'en aurais le pouvoir, devrais-je soustraire une jeune fille à l'autorité paternelle?

Mme DE MAUBEUGE.

Alors quelle est votre espérance?

SÉRAPHINE.

La bonté et la toute-puissance de Dieu qui exauce tôt ou tard les prières de ceux qui s'adressent à lui avec confiance...... mais voici Yamouna.

SCÈNE V.

Mme DE MAUBEUGE, Mme SÉRAPHINE, YAMOUNA.

YAMOUNA.

Est-ce toi, Séraphine? toi, la joie de mon cœur?

SÉRAPHINE.

Voilà la compatriote, l'amie dont je t'avais parlé, Yamouna.

YAMOUNA, s'inclinant en portant la main sur son cœur (1).

Que la paix demeure avec elle! Sois la bienvenue parmi nous, Française; l'amie de Séraphine est mon amie. Parles-tu notre langue?

Mme DE MAUBEUGE.

Un peu.

YAMOUNA.

J'en suis charmée, tu pourras me dire comme elle les merveilles de ton Dieu.

Mme DE MAUBEUGE.

Puissé-je en être digne! Tu veux donc apprendre à le servir, jeune fille?

(1) Salut arabe.

YAMOUNA.

Le connaître et l'aimer, c'est le plus cher de mes vœux.

Mme DE MAUBEUGE, à part à Séraphine.

Quel gracieux assemblage de noblesse et de candeur! quelle voix douce et touchante!

SÉRAPHINE.

Qu'as-tu fait depuis ce matin, Yamouna?

YAMOUNA.

Hélas! ne me le demande point, car je ne voudrais pas attrister ta compatriote pour la première fois qu'elle m'honore de sa visite.

SÉRAPHINE.

Parle, parle, Yamouna; madame de Maubeuge est mon amie, je n'ai rien de caché pour elle.

YAMOUNA.

Te le dirai-je? dans ton absence, soleil de mon âme, j'ai pleuré amèrement, j'ai prié ton Dieu comme tu me l'avais recommandé, et mes larmes ont coulé plus douces, puis la source s'en est tarie, et je me suis endormie d'un sommeil paisible.

SÉRAPHINE.

Et pourquoi pleurais-tu, pauvre Yamouna?

YAMOUNA.

Je pleurais sans trop savoir pourquoi, sur mon

10.

impuissance à faire le bien, sur le sort de ma mère morte en me donnant le jour et dont je ne t'ai pas encore parlé, que sais-je enfin? sur ma propre destinée, si triste et si monotone... sur des craintes chimériques peut-être, mais qui ne laissaient pas de me tourmenter; Zulmé prétend que le Maure Ben-Cerrage vient de m'acheter à Ben-Chérid, mon père; s'il en est ainsi, adieu nos projets, Séraphine, le Maure est jaloux, dit-on... qui sait même si je pourrai te revoir?... Oh! j'en mourrais de chagrin.

Mme DE MAUBEUGE.

Pauvre enfant!

SÉRAPHINE.

Ben-Chérid ne t'a parlé de rien encore?

YAMOUNA.

De rien absolument... Oh! s'il m'avait consultée, je me serais jetée à ses pieds, j'aurais embrassé ses genoux, et peut-être n'eût-il pas été insensible à ma prière, car il m'aime dans le fond..... Mais si sa parole est donnée, plus d'espoir, il ne me reste qu'à me soumettre..... et cependant je veux être chrétienne, je veux l'être à tout prix. (Elle pleure.)

Mme DE MAUBEUGE, à part, essuyant ses larmes.

Jeune infortunée, que son affliction me touche! que son sort m'intéresse!

SÉRAPHINE.

Console-toi, Yamouna. Dieu, qui est la bonté

même, ne saurait t'éprouver au-dessus de tes forces, espère tout de lui.

SCÈNE VI.

Les Précédentes, AICHA qui entre en courant.

AICHA.

Nous voici de retour, pourquoi n'as-tu pas voulu venir avec nous, Yamouna ? (Elle s'arrête interdite à la vue des dames françaises.)

SÉRAPHINE, caressant l'enfant.

Tu ne me reconnais donc plus, ma petite Aïcha ?

AICHA.

Je te reconnais bien, c'est toi qui m'as guérie quand j'étais malade, et toi encore qui m'apportes des gâteaux..... mais cette Roumi (1) (désignant du doigt madame de Maubeuge), je ne la connais point ; dis-moi, Séraphine, a-t-elle comme toi des bonbons pour les petites filles ?

Mme DE MAUBEUGE, en souriant.

J'aurai soin d'en avoir à l'avenir, Aïcha. Je vois que les enfants sont les mêmes dans tous les pays.

---

(1) Roumi, Romains. Les Arabes désignent par là tous les chrétiens de quelque nation qu'ils soient.

SCÈNE VII.

Les Précédentes, KHADIDJA, ROIMA, ZHORA.

KHADIDJA.

La paix descende sur toi et sur ta compagne, Séraphine ; Zulmé vient de m'avertir de ta présence, et je m'en réjouis.

SÉRAPHINE.

Que le ciel te bénisse, toi et tes enfants, Leila Khadidja ! Ton mari se porte-t-il bien ?

KHADIDJA.

Comme un vieillard de son âge, mais assieds-toi, ainsi que cette respectable dame ; voilà des siéges de votre pays.

Mme DE MAUBEUGE.

C'est une aimable attention pour les Françaises qui viennent te visiter. (Elles s'asseyent sur les chaises, tandis que les Mauresques s'accroupissent sur des tapis.)

KHADIDJA.

Nous aimons les Françaises lorsqu'elles paraissent affables comme toi... As-tu beaucoup d'enfants ?

Mme DE MAUBEUGE, avec émotion.

Hélas ! j'aurais une fille, sage et vertueuse comme il n'en fut jamais ; une mort cruelle me l'a ravie.

ZHORA, serrant Aïcha sur son cœur et tendant la main à Séraphine.

Sans toi, qui as sauvé mon Aïcha, je pleurerais aussi ma chair et mon sang.

SÉRAPHINE.

Dieu seul a eu pitié de tes larmes, Zhora; car, je te l'ai dit plusieurs fois, ma science est presque nulle.

KHADIDJA à Mme de Maubeuge.

Dieu est grand, rien n'arrive que par sa volonté, je désire qu'il te donne d'autres enfants.

Mme DE MAUBEUGE.

Veuve depuis longues années, ce bonheur m'est ravi pour toujours.

KHADIDJA.

Tu es jeune encore, tu prendras un autre mari.

Mme DE MAUBEUGE.

Jamais.

ZHORA.

Vous autres Françaises, vous avez des idées bien différentes des nôtres; mais ne parlons plus de choses qui t'affligent... Te plais-tu dans notre pays? on dit que votre France est bien belle, qu'on y trouve partout de l'eau et de l'ombrage.

Mme DE MAUBEUGE.

Cela est vrai.

KHADIDJA.

Alors je ne conçois pas pourquoi il y a des Françaises qui le quittent pour s'établir ailleurs.....
Yamouna, va dire à la négresse de préparer le café.

SCÈNE VIII.

Les Précédentes, moins YAMOUNA.

SÉRAPHINE.

Il faudrait de longs discours pour répondre à ta remarque, Lella Khadidja, mais tu sais que rien n'arrive que par la volonté de Dieu.

KHADIDJA.

C'est ce que disent nos marabouts (1), et la conquête des Français était prédite depuis longtemps.

SÉRAPHINE.

Puisse-t-elle porter d'heureux fruits pour le bonheur des deux peuples !

ZHORA.

Les femmes s'amusent-elles bien dans votre pays? sortent-elles toutes le visage découvert comme les Françaises qui sont ici ?

Mme DE MAUBEUGE.

C'est l'usage.

(1) Prêtres arabes.

ROÏMA.

Nos anciennes disent que les maris français n'aiment guère leurs femmes, et que c'est pour cela qu'ils les laissent libres de courir dans les rues et de se montrer aux autres hommes.

Mme DE MAUBEUGE, souriant.

Les maris français, ceux du moins qui sont hommes de bien, chérissent leur femme comme leur amie, comme la compagne que Dieu leur a donnée; ils respectent en elle la créature intelligente formée à l'image de Dieu, la mère de leurs enfants ; ils la laissent libre de ses actions, parce qu'ils ont dans sa vertu une entière confiance.

KHADIDJA.

Si tu possédais un diamant de grand prix, l'exposerais-tu sans gardien à la cupidité des passants ?

Mme DE MAUBEUGE.

C'est que la vertu d'une femme et les principes religieux, que chez nous elle doit recevoir dans sa jeunesse, sont une meilleure sauvegarde que les grilles et les verrous.

SCÈNE IX.

Les Précédentes, YAMOUNA, ZULMÉ.

Celle-ci porte un grand plateau chargé d'une cafetière, de petites tasses arabes, de pots de confitures parfumées au musc et à la rose, et des gâteaux au miel de plusieurs espèces différentes. Yamouna place devant les femmes une petite table de forme ronde, incrustée de nacre et d'ébène, sur laquelle la négresse dépose le plateau. Zulmé offre à chaque femme une petite serviette brodée d'or et de soie, tandis que Khadidja fait les honneurs de la collation.

ZHORA.

Comment trouves-tu ces gâteaux ?

Mme DE MAUBEUGE.

Fort bons, quoique je ne sois pas habituée à ce parfum de musc.

ROÏMA.

On n'en fait donc pas de pareils dans ton pays ?

Mme DE MAUBEUGE.

Je n'en avais jamais mangé de semblables.

KHADIDJA.

S'ils sont de ton goût, je te demande la permission d'en faire porter à ta demeure.

Mme DE MAUBEUGE.

Je te remercie de ton attention. J'ai aussi une prière à t'adresser : il y a dans mes malles quelques petits bijoux montés en France que je désirerais offrir à tes filles.

KHADIDJA.

Elles les recevront avec plaisir venant de toi.

ZHORA.

Vos orfévres travaillent avec beaucoup plus d'art et de goût que ceux de notre pays.

SÉRAPHINE.

Mais en revanche vos bijoux et vos costumes sont ordinairement beaucoup plus riches.

ROÏMA.

J'avoue que les vôtres nous paraissent bien mesquins.

ZHORA, bas à Roïma en lui poussant le coude.

Est-ce en disant des choses désagréables que l'on remplit les devoirs de l'hospitalité ? (Haut.) A la vérité l'or et les diamants ne brillent guère sur vos habits, mais la forme en est gracieuse, quoique un peu gênante peut-être.

Mme DE MAUBEUGE.

Tout dépend de l'habitude.

SÉRAPHINE, à Mme de Maubeuge.

Il serait temps, je crois, de retourner à la maison, chère Madame ; j'ai promis à mes jeunes élèves de les accompagner à la promenade.

Mme DE MAUBEUGE.

Je suis à vos ordres, Madame. (Elles se lèvent.)

KHADIDJA.

Quoi ! nous quitter déjà ?

ROÏMA.

Les Françaises ne savent pas tenir en place. Je ne conçois pas comment elles peuvent résister à tout le mouvement qu'elles se donnent: cela doit être très-fatigant.

ZHORA.

Pour nous, quand nous faisons tant que de nous visiter, nous y consacrons au moins tout un jour, et souvent même deux ou trois.

SÉRAPHINE, souriant.

C'est que vous avez beaucoup de temps disponible.

KHADIDJA.

J'espère au moins que vous viendrez nous revoir bientôt.

Mme DE MAUBEUGE.

Ce sera pour nous un véritable plaisir. (Les Mauresques accompagnent Mme de Maubeuge et Séraphine jusqu'à la porte de l'appartement et les saluent en posant la main sur le cœur.)

SÉRAPHINE, bas à Yamouna.

Courage et confiance en Dieu. (Yamouna ne répond qu'en levant les yeux au ciel.)

SCÈNE X.

KHADIDJA, ZHORA, ROIMA, ZULMÉ. (Toutes s'accroupissent sur les coussins, à l'exception de Zulmé, qui enlève le plateau.)

ROÏMA.

Comment trouvez-vous cette nouvelle Française, vous autres?

ZHORA.

Affable et gracieuse, comme elles le sont presque toutes.

ROÏMA.

Moi, je ne puis souffrir leur visage pâle, et leurs yeux insignifiants et leurs membres grêles. (Se contemplant dans un petit miroir d'acier pendu à sa ceinture.) Il me semble que nos sourcils bien arqués, nos cheveux peints en noir ou en rouge, nos yeux, les miens surtout si grands et si vifs, sont bien plus séduisants en vérité. Qu'en penses-tu, Yamouna?

YAMOUNA.

Que tout cela est bien peu de chose, et qu'il faut avoir l'esprit bien futile pour y attacher tant d'importance.

ROÏMA, à Zhora avec étonnement.

Est-ce que Yamouna devient folle? depuis quelque temps je ne la comprends plus.

ZHORA.

Je ne sais point si Yamouna devient folle, mais à coup sûr il faut que tu sois aveugle pour vanter à tout propos tes yeux d'un noir douteux.

ROÏMA.

Aveugle toi-même, mes yeux sont plus noirs que les tiens, et c'est par jalousie que tu les dénigres.

ZHORA, riant.

Ah! ah! ah! avec son nez de perroquet.

ROÏMA.

Mère, mère, n'entends-tu point Zhora me dire des sottises?

KHADIDJA, qui pendant cette scène est demeurée absorbée dans ses pensées.

Qu'est-ce donc? encore des disputes, Zhora; je te ferai corriger d'importance.

ZHORA.

Oui, c'est cela, tu voudrais me faire battre par ton mari; mais ne t'en flatte point, Lella Khadidja, je ne te crains pas, car Omar m'aime, il m'aime beaucoup.

SCÈNE XI.

LES PRÉCÉDENTES, JUDITH. (Elle entre comme la première fois avec les mêmes marques de soumission rampante et fait un signe à Khadidja.)

KHADIDJA, tressaillant à la vue de la Juive.

Tu as raison, Zhora, Omar t'aime beaucoup; va le trouver, ma fille, car j'avais oublié de te le dire, il est dans ta chambre et te demande, ainsi que ta petite Aïcha.

ZHORA.

Alors je vais le rejoindre. (Regardant dans son miroir.) Zulmé, apporte-moi du rouge et du noir.

(Elle donne un petit coup de pinceau à ses sourcils.)

KHADIDJA, à Yamouna.

Yamouna, Ben-Chérid veux te parler en particulier pour une affaire d'importance; va l'attendre dans la petite cour de l'Hali (1).

YAMOUNA, à part.

Ah ! mon Dieu !

KHADIDJA.

Pour toi, Roïma, le bain t'a fatiguée, rentre chez toi, va te reposer, mon enfant.

ROÏMA.

En effet, je crois que j'ai sommeil. (Elles sortent toutes trois.)

SCÈNE XII.

KHADIDJA, ZULMÉ, JUDITH.

ZULMÉ, à part.

Qu'est-ce que tout cela signifie? (Elle s'accroupit dans un coin.)

KHADIDJA, l'apercevant.

Va-t'en aussi, Zulmé, afin d'aider à Farka à préparer le couscous, car aucune de mes femmes n'y excelle comme toi.

ZULMÉ.

Tu seras obéie, maîtresse. (A part.) Lella Khadidja nous flatte, c'est qu'elle médite quelque ruse diabolique : cette vieille Judith ne m'annonce rien de bon.

(1) L'Hali est une petite maison attenant à une plus grande et qui sert aux hommes de lieu de retraite et de réception.

KHADIDJA.

Eh bien ! qu'attends-tu, négresse ?

ZULMÉ.

J'arrange cette cafetière. (A part.) Je saurai ce qui se trame ou le diable s'en mêlera.

SCÈNE XIII.

KHADIDJA, JUDITH.

KHADIDJA.

Eh bien ! Judith ?

JUDITH, tirant un flacon de sa poche.

Voilà l'affaire, quelques gouttes de ce narcotique dans un verre d'eau sucrée et l'enfant ne tardera pas à s'endormir d'un sommeil aussi profond que la mort. A minuit, lorsque seule tu veilleras dans ta maison, les hommes dont je t'ai parlé tantôt et sur lesquels tu peux compter comme sur moi-même imiteront trois fois le chant du coq à la porte de l'Hali ; à ce signal tu leur ouvriras et tu les conduiras en silence dans la chambre de Yamouna, qui n'est pas éloignée de la tienne ; ils emporteront sans bruit la jeune fille, qui ne se réveillera point, et, grâce à la vitesse de leurs chameaux nourris de dattes, ils auront pénétré bien avant dans le désert lorsque la pauvrette reprendra ses sens. Ils la conduiront alors à Tugurt ou dans quelque autre ville lointaine et la vendront aisément de manière à ce que tu n'en entendes plus parler. Toi cependant tu rempliras la maison de tes cris et tu feras entendre à Ben-Chérid que sa fille a pris la fuite : tu vois que j'ai tout prévu ; prends le flacon et cache-le soigneusement.

KHADIDJA, avançant la main pour saisir la fiole et la retirant aussitôt.

Je n'ose pas....

JUDITH.

Tu deviens bien poltronne, je t'ai vu plus de courage dans d'autres circonstances.

KHADIDJA.

Excuse ma faiblesse, Judith ; Yamouna est étrangère à mon sang, mais elle a été élevée près de moi, je l'ai vue tout enfant jouer à mes côtés ; douce et bonne plus qu'aucune jeune fille de son âge, jamais elle ne me causa le moindre chagrin...

JUDITH, remettant le flacon dans sa poche.

Dans ce cas mon flacon te devient inutile. Yamouna sera la femme du riche Ben-Cerrage... que m'importe !...

KHADIDJA.

Et Roïma, ma fille, mon enfant bien-aimée ?

JUDITH.

Tu lui chercheras un autre mari.

KHADIDJA.

Et quel autre présentera les mêmes avantages !..

Quoi! le sort de Yamouna serait plus brillant que celui de ma propre fille !... et, lorsqu'elles se trouveraient toutes deux dans une fête, Roïma, éclipsée par les parures de sa sœur prétendue, n'oserait se montrer à côté d'elle.... oh ! il n'en sera pas ainsi.

JUDITH.

Alors prends mon flacon..... cinquante douros pour moi et cinquante pour les deux hommes ; c'est pour rien.

KHADIDJA, prenant le flacon et jetant les pièces d'argent à la figure de la juive.

Tiens, démon, sors de ma présence maintenant.

JUDITH, ramassant l'argent.

Au revoir, noble Lella Khadidja.

SCÈNE XIV.

KHADIDJA. (Elle reste un moment la tête appuyée dans ses mains dans l'attitude d'une personne livrée à de douloureuses réflexions.)

Pauvre Yamouna!... mais ma fille! le sang de mon sang, la chair de ma chair !..... Allons tout préparer pour cette nuit, et dépêchons cette affaire, de peur que le courage ne vienne à me manquer.

FIN DU DEUXIÈME ACTE.

ACTE TROISIÈME.

Un salon français dans la maison de madame Séraphine d'Hencourt.

SCÈNE PREMIÈRE.

Mme DE MAUBEUGE, SÉRAPHINE, GERMAINE.
Mme de Maubeuge est assise dans un fauteuil, Séraphine et Germaine lui font respirer des sels.)

SÉRAPHINE.

Comment vous trouvez-vous, chère Madame ?

Mme DE MAUBEUGE.

Infiniment mieux, ma bonne Séraphine, merci de vos tendres soins.

SÉRAPHINE.

Êtes-vous sujette à ce genre d'indisposition ?

GERMAINE.

Non pas, la santé de Madame est délicate depuis longues années, mais elle était parfaite ce matin lorsque monsieur Édouard est venu déjeuner avec elle ; vous sortez ensemble, puis en rentrant ici, voilà tout à coup des pleurs, des suffocations, un évanouissement complet.

Mme DE MAUBEUGE.

C'est une crise nerveuse, tu sais, Germaine, combien j'y étais sujette autrefois.

GERMAINE.

Oui, mais voilà plus d'un an que Madame n'en avait souffert.

SÉRAPHINE.

La fatigue d'un si long voyage!

GERMAINE.

Ce n'est point cela, car du moment où Madame a trouvé M. Édouard, que nous croyions bien malade, entièrement rétabli de sa blessure, la fatigue du voyage a disparu, et jamais elle ne m'avait paru si fraîche que ces jours-ci.

Mme DE MAUBEUGE.

Cela est vrai : le bonheur d'une surprise si agréable, la possibilité de ramener ce cher enfant en congé de convalescence, le plaisir de rassurer mon gendre sur l'entier rétablissement de son jeune frère, celui de vous revoir, ma chère Séraphine, toutes ces émotions douces, auxquelles mon pauvre cœur est étranger depuis si longtemps, m'avaient rajeunie pour ainsi dire... c'est si bon, la joie et l'amitié!

SÉRAPHINE.

Le fait est que la santé de M. Édouard a trompé toutes les prévisions de la médecine; cette blessure, que l'on croyait mortelle, a été guérie comme par enchantement, et monsieur votre gendre sera bienheureux de cette nouvelle.

Mme DE MAUBEUGE.

Ce pauvre Belmont a bien besoin aussi d'un peu de bonheur : notre vie est si triste à tous deux depuis la fin malheureuse de cet ange que nous pleurons encore tous les jours !

SÉRAPHINE.

Je me rappelle à peine madame votre fille, tant elle était enfant encore à l'époque où je la vis pour la dernière fois ; mais une femme qui cause à sa mère et à son mari des regrets si vifs et de si longue durée, méritait sans doute tout cet amour.

GERMAINE.

Ah ! madame de Belmont était une personne accomplie, et tous ceux qui l'ont connue ont pleuré sur son sort.

Mme DE MAUBEUGE.

Depuis seize ans qu'elle nous a été ravie, mon pauvre gendre n'a pu se consoler de sa perte ; sa douleur est aussi vive que les premiers jours, la résignation chrétienne a pu seule en adoucir un peu l'amertume.

SÉRAPHINE.

M. de Belmont était malade lui-même à l'époque où vous avez appris la blessure de M. Édouard.

Mme DE MAUBEUGE.

Il souffrait horriblement, comme cela lui arrive quelquefois, de ces affreuses douleurs rhumatismales contractées dans les bivouacs ; cette malheureuse nouvelle fut pour nous comme un coup de foudre, car ce jeune Édouard, officier de grande espérance, est maintenant le seul objet de notre affection. M. de Belmont, incapable de faire usage de ses jambes, se désolait sur son lit de douleur ; je lui offris d'entreprendre à sa place ce long et pénible voyage ; il s'y refusa d'abord, craignant sans doute pour moi les poignantes émotions que de si tristes souvenirs devaient nécessairement réveiller dans mon cœur.

SÉRAPHINE.

En effet, n'est-ce point dans une circonstance pareille que Mme de Belmont vous fut ravie ? J'ai entendu raconter diversement cette cruelle catastrophe, mais je n'avais jamais osé vous en parler, de peur de rouvrir inutilement une blessure encore saignante.

Mme DE MAUBEUGE.

Il est des douleurs qui se complaisent en elles-mêmes, pour ainsi dire ; la mienne est de ce nombre ; je ne puis parler de ma pauvre fille sans que mes yeux se mouillent de larmes, et je voudrais en parler sans cesse ; si vous saviez, Séraphine, combien elle était bonne et dévouée, pieuse, charitable, pleine de modestie, de courage, d'activité et de résignation ! Oh ! je l'ai répété plusieurs fois, et je le crois fermement, Dieu l'a retirée de ce monde au printemps de sa vie, parce que c'était un ange dont la terre n'était pas digne.

SÉRAPHINE.

Vous l'aviez mariée dans un âge bien tendre pour notre pays de France.

Mme DE MAUBEUGE.

Que voulez-vous, ma chère? M. de Belmont, quoique plus jeune que M. de Maubeuge, était cependant son ami intime; mon mari à son lit de mort lui avait promis sa fille encore enfant; à peine celle-ci eut-elle atteint sa seizième année que M. de Belmont fit valoir près de moi cette promesse, dont l'accomplissement était devenu son unique rêve; vous connaissez mon gendre, c'est un homme plein d'honneur et de franchise, aussi doux dans les relations habituelles de la vie que brave sur le champ de bataille. Hélène obéit sans répugnance à la volonté paternelle. M. de Belmont partagea avec moi toute sa tendresse, jamais femme ne se montra plus aimante et plus dévouée à ses devoirs d'épouse. Cependant l'expédition d'Alger venait d'être résolue, le commandant de Belmont, obligé de rejoindre son régiment, me laissa sa femme, déjà grosse de quelques mois; la douleur de cette pauvre enfant fut ce qu'elle devait être, vive et profonde. Cependant elle se soumit avec résignation à la volonté de celui qui tient entre ses mains les destinées humaines; mais dès qu'elle eut appris que le commandant de Belmont, grièvement blessé au combat de Staouéli, se débattait entre la vie et la mort à l'hôpital d'Alger, rien au monde ne fut capable de la retenir; elle partit accompagnée de sa femme de chambre et d'un vieux domestique, qui l'avait vue naître... (Essuyant ses larmes.) Je reçus plusieurs fois de ses nouvelles, puis une lettre datée de Marseille, pleine de tendresse et de paroles consolantes.... Hélas! ce fut la dernière..... Je languis plusieurs semaines dans une vaine attente, la plus cruelle des agonies; puis un jour mes parents et mes amis m'entourèrent avec des visages consternés, sur lesquels je pouvais lire une partie de mon malheur; on me cachait les journaux, on parlait bas, on se taisait à mon approche..... Hélas! le soleil de ma vie s'était éteint à tout jamais... l'ange était remonté vers le ciel... le bâtiment qui portait mon Hélène avait échoué sur les côtes d'Afrique; passagers et matelots, tout l'équipage avait péri. (Mme de Maubeuge cache son visage de son mouchoir et pleure silencieusement.)

SÉRAPHINE.

Pauvre amie !.... Quelle affreuse douleur !

GERMAINE.

Le même coup du sort qui avait frappé la fille manqua aussi de nous enlever la mère; Madame fut plus de deux mois entre la vie et la mort; enfin M. de Belmont arriva, bien malade de sa blessure et plus encore de son chagrin. Madame se dévoua pour le secourir et le consoler, elle voulut vivre pour son gendre, la religion a fait le reste.

SÉRAPHINE.

Vous avez raison, Germaine, la piété seule peut adoucir de si grands maux; phare céleste qui luit encore au milieu des plus affreuses tempêtes, elle nous guide doucement jusqu'à ce port exempt d'orage, où nous n'aurons plus rien à craindre des vicissitudes de la vie, où nous jouirons enfin d'un bonheur sans mélange. C'est là, chère Madame, où vous retrouverez celle que vous pleurez à si juste titre.

Mme DE MAUBEUGE.

Oui, j'en ai la douce espérance..... Cette pensée consolante soutient mes tristes jours... Du reste, le Dieu de bonté a fait pour moi bien plus que je ne méritais; il a cicatrisé peu à peu mes blessures, l'aiguillon de la douleur s'est usé dans mon âme; j'en suis arrivée à ce point de ne conserver de tant de cruels souvenirs qu'une tristesse douce qui a presque des charmes. Ma santé longtemps ébranlée a repris le dessus, je suis devenue forte contre mon propre cœur..... Et cependant, vous l'avouerai-je, Séraphine, la présence de votre protégée, sa voix touchante, son regard plein de candeur ont suffi pour porter le trouble dans mon âme;... étrange sentiment dont je ne puis encore me rendre compte! en la voyant il m'a semblé revoir ma pauvre Hélène... cette jeune Mauresque....

SÉRAPHINE.

Qui donc? Yamouna?

Mme DE MAUBEUGE.

Elle-même, à peu près du même âge que ma fille au jour où je la vis pour la dernière fois, elle a son port, sa voix et jusqu'à son sourire ; et, sans l'étrangeté de son costume...

GERMAINE.

Et voilà sans doute ce qui a causé à Madame cet accident qui nous a si fort effrayées, madame Séraphine et moi.

Mme DE MAUBEUGE.

Peut-être bien.

GERMAINE.

Puisqu'il en est ainsi, gardez-vous d'aller revoir cette demoiselle Yamouna, de peur que vous ne tombiez malade dans ce vilain pays, que je déteste de tout mon cœur.

Mme DE MAUBEUGE.

Je veux la revoir, au contraire, car sa présence a pour moi un charme inexprimable ; mais ne crains rien, mon enfant, la première surprise une fois passée....

UNE VOIX EN DEHORS.

Madame, madame !

SÉRAPHINE.

Qui appelle donc ainsi ?

Mme DE MAUBEUGE.

Allez voir, Germaine.

SCÈNE II.

Mme DE MAUBEUGE, SÉRAPHINE.

SÉRAPHINE.

Vous avez tressailli, Madame.

Mme DE MAUBEUGE.

C'est une suite de cet état d'irritation nerveuse dans lequel je me trouve maintenant; la détonation d'une arme à feu, le tintement d'une sonnette, le moindre bruit imprévu enfin suffit souvent pour produire sur moi un effet semblable ; mais tout cela n'est rien, je vous assure.

SÉRAPHINE.

Il faudra vous coucher de bonne heure et tâcher de dormir; voulez-vous que je vous reconduise dans votre appartement?

Mme DE MAUBEUGE.

Merci, chère Madame, il me serait impossible de fermer l'œil dans l'état où je suis.

SCÈNE III.

LES PRÉCÉDENTES, GERMAINE.

GERMAINE.

Une femme, noire à faire peur, demande à parler à Madame, c'est du moins tout ce que j'ai pu comprendre à ses gestes et à son langage.

SÉRAPHINE.

Faites entrer cette femme, Germaine. (A Mme de Maubeuge.) Vous permettez, ma bonne amie?

Mme DE MAUBEUGE.

Je vous en prie, Séraphine.

SCÈNE IV.

Mme DE MAUBEUGE, SÉRAPHINE.

SÉRAPHINE.

Quelque pauvre créature qui vient demander des secours sans doute.

Mme DE MAUBEUGE.

Tant mieux ; dans la disposition d'esprit où je me trouve, rien ne saurait m'être plus salutaire que de faire un peu de bien.

SCÈNE V.

Les Précédentes, GERMAINE, ZULMÉ.

ZULMÉ, se précipitant aux genoux de Séraphine.

Tout notre espoir est en toi, bonne Française ; ne nous repousse point, je t'en conjure.

SÉRAPHINE, la relevant.

Que t'arrive-t-il donc, Zulmé? en quoi puis-je t'être utile?

ZULMÉ.

Yamouna !.... ma pauvre maîtresse !

Mme DE MAUBEUGE.

Que dit-elle ?

ZULMÉ.

Khadidja... Le narcotique...

SÉRAPHINE.

Calme-toi, Zulmé, et explique-nous ce dont il s'agit.

ZULMÉ.

Tu lui donneras un asile, tu la sauveras, n'est-il pas vrai ?

Mme DE MAUBEUGE.

Oui, oui, tout ce qui sera en notre pouvoir, parlez, pauvre femme.

SÉRAPHINE.

Reprends tes esprits et tâche de nous faire comprendre ce que tu désires.

ZULMÉ.

Je te l'ai déjà dit, asile et protection pour ma pauvre maîtresse, que la perfide Khadidja veut endormir par un narcotique et livrer pendant son sommeil à deux misérables, qui la vendront comme esclave à Tugurt ou ailleurs.

Mme DE MAUBEUGE.

C'est affreux ! il nous faut empêcher ce crime.

SÉRAPHINE.

Es-tu bien sûre de ce que tu avances ?

ZULMÉ.

Que je sois coupée en morceaux si je mens ! J'ai entendu de mes propres oreilles ce complot infernal par la fente du marabout (1), derrière lequel je m'étais cachée ; c'est Judith qui a fourni le breuvage, et les breuvages de Judith ne manquent jamais leur effet.

SÉRAPHINE.

Mais pourquoi Khadidja voudrait-elle sacrifier ainsi cette jeune fille ?

ZULMÉ.

Parce qu'elle est un obstacle à ses desseins et Lella Khadidja ne recule point devant les obstacles, elle les brise. Écoute-moi, Française, et tu me comprendras aisément : le maure Ben-Cerrage désire prendre Yamouna pour femme, les accords sont déjà faits avec mon maître Ben-Chérid ; mais Lella Khadidja veut donner sa propre fille au riche Ben-Cerrage, et elle a résolu de se défaire de ma maîtresse, pour que sa Roïma soit la première dans la maison du Maure ; c'est ce soir même qu'elle veut administrer à Yamouna un narcotique qui lui permettrait de la livrer sans bruit aux deux com-

---

(1) Ici le mot marabout signifie petit cabinet ou alcove propre à placer un divan, il en existe dans presque toutes les chambres arabes.

plices de Judith. Heureusement j'ai découvert à temps ce complot ; sachant de quoi est capable Lella Khadidja, je ne l'ai pas perdue de vue un seul instant depuis qu'il est question de ce brillant mariage pour ma chère Yamouna, mariage dont la pauvre enfant ne se soucie guère néanmoins, je ne puis deviner pourquoi ; mais ce qu'il y a de certain, c'est que lorsque, toute bouleversée de ce que je venais d'apprendre, j'accourais dans sa chambre pour lui faire part de mon affreuse découverte, j'ai trouvé ma maîtresse dans un état à faire compassion. Ben-Chérid venait de lui signifier sa volonté absolue en l'avertissant de se préparer à recevoir dans trois jours Ben-Cerrage pour époux. En vain s'était-elle jetée à ses pieds pour obtenir au moins un délai, le maître s'était montré inflexible ; car, pas plus que moi, il ne comprenait rien à ce caprice extraordinaire, puis il avait donné sa parole et touché l'argent. Moi, j'ai répété tout ce que j'avais entendu à celle que je puis appeler ma fille, puisque je l'ai nourrie de mon lait, je lui ai conseillé de fuir la maison de Ben-Chérid, où Khadidja, qui est implacable, trouverait toujours moyen d'exécuter ses odieux projets, je l'ai engagée à se mettre sous la protection française. Yamouna ne voulait point d'abord, disant que ce serait une action coupable que de sortir ainsi de la maison paternelle ; alors pour lever ce scrupule, je lui ai appris le secret de sa naissance et la fin tragique de sa pauvre mère ; je lui ai montré la bague et les images que j'avais promis de lui remettre un jour, sa décision a été prise aussitôt. « J'irai chez Séraphine, m'a-t-elle dit, et je lui demanderai conseil. » A l'entrée de la nuit nous sommes sorties ensemble, mais la pauvre enfant était si tremblante qu'il m'a été impossible de la conduire jusqu'ici ; je l'ai laissée en lieu de sûreté chez une négresse libre de mes amies, et je suis venue te faire part de ces événements, et implorer ton assistance.

SÉRAPHINE.

Conduis-moi près d'elle, Zulmé, je l'amènerai ici, et nous verrons ensuite ce qu'il sera convenable de faire.

Mme DE MAUBEUGE.

Oui, oui, allez, bonne Séraphine ; et si mes soins et ma fortune peuvent être utiles à cette jeune fille dans cette affaire, ne m'épargnez pas, je vous prie ;... mais dis-moi, négresse, quel est donc ce secret que tu lui as révélé, et qui a si subitement changé ses résolutions ?

ZULMÉ.

C'est que Yamouna n'est point la fille de Ben-Chérid, comme elle l'avait cru jusqu'à présent.

SÉRAPHINE.

Quel est donc son père ?

ZULMÉ.

Comment te le dirai-je ! un étranger, un roumi sans doute.

SÉRAPHINE.

De grâce, apprends-nous tout ce que tu sais à ce sujet.

ZULMÉ.

C'est une longue histoire, il y a seize ans de cela, c'était sous le règne d'Ahmed Bey; j'étais depuis peu de temps dans la maison de Ben-Chérid, lui-même était parti pour un grand voyage : il revint un jour amenant avec lui une jeune femme enceinte, belle comme une houri, mais triste et maladive, passant tout son temps à pleurer ou à prier son Dieu. Le maître l'avait achetée quarante douros d'un Bédouin, qui l'avait recueillie mourante sur le bord de la mer; il recommanda d'en avoir grand soin, et de lui fournir tout ce qu'elle pourrait désirer, car il la trouvait fort de son goût et il avait résolu de la prendre pour femme dès qu'elle aurait mis au monde l'enfant qu'elle portait dans son sein; mais Khadidja était trop jalouse de l'empire qu'elle exerçait sur son mari pour se laisser supplanter par une rivale; la méchante Judith vint, je crois, à son aide, et la pauvre jeune femme mourut en donnant le jour à Yamouna.

Mme DE MAUBEUGE, très-agitée.

Et comment appeliez-vous cette femme?

ZULMÉ.

Hélène.

Mme DE MAUBEUGE.

O ciel !... (Elle se laisse aller sur son fauteuil.)

GERMAINE, s'empressant près de sa maîtresse.

Voilà Madame qui se trouve mal.

SÉRAPHINE.

Qu'avez-vous, chère amie?

Mme DE MAUBEUGE, d'une voix faible.

Ma fille... ma pauvre fille!

SÉRAPHINE.

En effet!... Dieu! quels indices! Zulmé, où sont les gages que vous dites avoir reçus de la mère de Yamouna?

ZULMÉ.

Les voici, car je les ai pris sur moi : cette petite bague d'or et ce morceau de chiffon.

SÉRAPHINE, les montrant à Mme de Maubeuge.

Un scapulaire et une alliance.

Mme DE MAUBEUGE, ouvrant l'alliance.

Ah! mon Dieu!...

SÉRAPHINE, lisant les mots gravés dans l'alliance.

« Jules de Belmont, Hélène de Maubeuge, unis pour toujours. » Plus de doute... Dieu puissant! par quel enchaînement incroyable d'événements imprévus la Providence arrive parfois à son but!... Plus d'obstacles maintenant à la conversion de Yamouna!

Mme DE MAUBEUGE.

Yamouna! ma petite-fille, voulez-vous dire!... où est-elle, que je la presse sur mon cœur!

SÉRAPHINE.

Calmez-vous, chère Madame, je cours la chercher et je la ramène dans vos bras : elle est digne de vous appartenir.

Mme DE MAUBEUGE.

Que ne puis-je y aller moi-même ! avec quelle impatience je vais l'attendre !

SÉRAPHINE.

Conduis-moi, Zulmé.

SCÈNE VI.

Mme DE MAUBEUGE, GERMAINE.

Mme DE MAUBEUGE, tombant à genoux.

Soyez béni, mon Dieu ! qui avez eu pitié de mes larmes, qui m'avez envoyé une consolation pour mes vieux jours !

GERMAINE.

Relevez-vous, ma bonne maîtresse, vous êtes trop faible pour supporter de pareilles émotions.

Mme DE MAUBEUGE.

Puisque la douleur ne m'a pas tuée, comment la joie pourrait-elle me devenir funeste! Oh! que mon pauvre gendre va être heureux en voyant sa fille ! combien cet événement va répandre de douceur sur sa triste existence !... mais n'a-t-on pas sonné à la porte de la maison?... N'entends-je point leurs pas sur l'escalier ?

GERMAINE.

Comment seraient-elles de retour ! il n'y a pas cinq minutes que madame Séraphine est sortie.

Mme DE MAUBEUGE.

Vous avez raison, l'émotion m'égare... Oh! quand vous la verrez, Germaine, vous comprendrez mon trouble et mon bonheur ; car cette jeune fille, voyez-vous, c'est tout le portrait de sa mère ; à peine l'avais-je aperçue ce matin, et cependant mon cœur s'était ému à son aspect.

GERMAINE.

C'est donc la bague de mariage de Mme de Belmont, que cette négresse a remise à Madame ?

Mme DE MAUBEUGE.

Oui, la voilà, cette bague chérie, que ma fille portait à son doigt !... Merci, gages sacrés qui m'avez fait retrouver mon enfant. (Baisant le scapulaire.) Et toi surtout, saint Scapulaire que je reconnais si bien pour t'avoir brodé de mes mains, image révérée de la Mère de Dieu, qui portez partout la consolation et la paix, qui adoucîtes sans doute les derniers moments de ma fille infortunée... reliques saintes, vous ne me quitterez plus désormais !

SCÈNE VII.

Les Précédentes, SÉRAPHINE, YAMOUNA, ZULMÉ.

SÉRAPHINE, présentant Yamouna à madame de Maubeuge.

Voici votre enfant, et toi, Yamouna, voilà ta grand'mère. (Yamouna se jette à genoux devant madame de Maubeuge, et baise le bas de sa robe.)

Mme DE MAUBEUGE, la relevant.

Viens sur mon cœur, fille chérie, c'est là que ta place est marquée désormais.

YAMOUNA.

Puissé-je mériter ton amour!

Mme DE MAUBEUGE, la considérant.

Oui, c'est bien là le son de voix de mon Hélène, son visage si doux, ses yeux si brillants. Oh! puisses-tu de même, chère Yamouna, avoir son cœur et ses vertus!

YAMOUNA.

Le petit de la fauvette s'exerce à chanter comme elle, et finit par imiter son ramage ; tu me diras ce qu'il faut faire pour ressembler à ma mère en toutes choses, et je m'efforcerai de marcher sur ses traces.

Mme DE MAUBEUGE.

Quels sentiments délicats! quelle grâce naïve dans sa manière de les exprimer!... O jour trois fois heureux! et combien d'actions de grâces ne devons-nous pas rendre à ce Dieu que tu ignores encore, Yamouna, mais que tu connaîtras et que tu adoreras bientôt, je l'espère.

YAMOUNA.

C'est mon désir le plus ardent, je veux être chrétienne comme ma mère.

Mme DE MAUBEUGE.

Au milieu de ma joie il est une chose qui m'inquiète cependant : Ben-Chérid ne pourrait-il point réclamer Yamouna, qui jusqu'ici a passé pour sa fille? Avons-nous des preuves assez évidentes pour convaincre l'autorité de nos droits incontestables sur cette chère enfant?

SÉRAPHINE.

Que cela ne vous mette point en peine ; le témoignage de Zulmé, la bague de madame de Belmont, la coïncidence de la naissance de Yamouna avec l'époque de la disparition de votre fille, sont des preuves suffisantes; d'ailleurs j'irai moi-même trouver Ben-Chérid ; c'est un homme au sens droit, je lui ferai entendre raison ; soyez tranquille, chère Madame, je me charge de cette affaire ; il ne s'agira probablement que d'un dédommagement pécuniaire.

ZULMÉ, s'avançant près de Yamouna et lui baisant la main.

Adieu, maîtresse, adieu, j'en mourrai, mais sans regret, puisque je te sais heureuse. (Elle se détourne pour pleurer.)

YAMOUNA.

Que dis-tu, bonne Zulmé?

ZULMÉ.

Que je ne puis vivre sans toi; mais n'importe, tu as trouvé de bons parents.

YAMOUNA.

Quoi! tu me quitterais, Zulmé, toi, ma nourrice! toi, ma mère!

ZULMÉ.

Ne suis-je pas l'esclave de Ben-Chérid, et, si je ne rentre point chez lui de bonne grâce, n'a-t-il pas le droit de me reprendre de force? Adieu donc pour jamais!...... (L'embrassant avec de grandes démonstrations de tendresse.) Non, non, c'est impossible, je n'aurai point le courage de me séparer de toi, ma Yamouna; toi, que je reçus dans mes bras lorsque tu vins au monde, toi, que j'élevai sur mon sein! qui remplaças dans mon cœur le fils que je venais de perdre!.... Oh! dût Ben-Chérid me faire expirer sous le bâton, je ne quitterai point mon enfant.

YAMOUNA.

Plutôt mourir moi-même que de me séparer de toi! Mais il n'est pas question de cela, n'appartenais-tu point à ma pauvre mère, et par conséquent à moi-même?

ZULMÉ.

Sans doute : Ben-Chérid m'avait attachée au service de Lella Hélène; ce fut elle, qui avec une bonté admirable me soigna dans mes couches ; puis, quand tu vins au monde, et que se sentant mourir elle te remit dans mes bras après avoir jeté de l'eau sur ta tête à la mode de son pays, elle me dit en versant des larmes : « C'est à toi seule, bonne Zulmé, que je confie cette pauvre enfant ; aime-la, sois pour elle une seconde mère, protége-la contre les fureurs de Lella Khadidja à qui je pardonne, et je te bénirai du séjour où Dieu m'appelle. »

YAMOUNA, essuyant ses larmes.

Pauvre mère !... Et tu lui as tenu parole, Zulmé, car tu fus toujours excellente pour moi.

Mme DE MAUBEUGE.

Et moi, je tiendrai celle de ma pauvre fille, la bénédiction qu'elle t'a promise pleuvra sur toi avec abondance. Dût-il m'en coûter la moitié de ma fortune, je te rachèterai de Ben-Chérid, rien ne te manquera désormais, et tu vivras libre et heureuse près de l'enfant que tu m'as conservée.

ZULMÉ.

Vivre libre près de Yamouna ! quelle joie ! quel bonheur ! Merci, Française, je vois bien que tu es en effet la mère de Lella Hélène, car tu es bonne et généreuse comme elle.

YAMOUNA, baisant la main de madame de Maubeuge.

Mère, ma reconnaissance égalera mon amour !

Mme DE MAUBEUGE.

Comment résister à tant de félicité !... Mon Dieu

qui m'avez donné du courage pour supporter la douleur, rendez-moi forte au milieu de tant de joie !

SÉRAPHINE.

Faisons trêve à de si violentes émotions, chère Madame, elles finiraient certainement par vous être nuisibles. Allez prendre un peu de repos, je vous en conjure.

Mme DE MAUBEUGE.

Le pourrais-je dans un pareil moment! (Prenant la main de Séraphine et l'appuyant sur son cœur.) Voyez vous-même comme il bat.

SÉRAPHINE.

Eh bien! raison de plus pour chercher à le calmer; voulez-vous que j'appelle mes jeunes élèves pour qu'elles vous chantent un de ces cantiques qui paraissent vous faire tant de plaisir ?

Mme DE MAUBEUGE.

Je ne demande pas mieux, et Yamouna aussi, j'en suis sûre, sera charmée de les entendre.

SCÈNE VIII.

Les Précédentes, excepté Séraphine.

GERMAINE.

Qui aurait jamais pu prévoir des événements aussi extraordinaires ? Que de choses je vais avoir à raconter à mon retour en France! voilà de quoi me faire écouter pendant tout un hiver au moins; mais que Madame me permette une question : ces vilaines femmes, qui voulaient faire tant de mal à mademoiselle, ne seront-elles pas punies de leur mauvais vouloir?

Mme DE MAUBEUGE.

Le méchant trouve déjà dans son propre cœur la punition de son crime, lors même qu'il n'en aurait pas d'autre à redouter, car Dieu ne permet point qu'il goûte de repos; cependant ces malheureuses femmes, ignorantes et livrées sans défense à la violence de leurs passions, sont peut-être moins coupables qu'elles ne nous le paraissent. Je pense néanmoins qu'il nous faudra révéler à la justice tout ce que nous savons des crimes de cette juive, afin qu'on la mette hors d'état d'en commettre de nouveaux.

SCÈNE IX.

Les Précédentes, SÉRAPHINE, troupe de jeunes filles.

SÉRAPHINE.

Yamouna, voilà des compagnes que je t'amène.

YAMOUNA.

O les belles fleurs que tu cultives dans ton jardin, Séraphine; que je serais contente de trouver place parmi ces vierges gracieuses!

SÉRAPHINE.

Mes enfants, que vos douces voix montent vers le ciel en hymne d'actions de grâces pour les bienfaits qu'il vient de répandre sur cette maison ! maintenant chantez-nous quelque chose !

UNE JEUNE FILLE.

Sera-ce une invocation à la sainte Vierge?

SÉRAPHINE.

Quel sujet pourrait nous être plus agréable ! après Dieu même, qui mérite mieux que Marie notre reconnaissance et nos hommages?

CHŒUR DE JEUNES FILLES.

Rose mystique, tendre mère,
De notre France astre brillant et doux,
Nous t'invoquons, exauce la prière
De tes enfants groupés à tes genoux.

UNE VOIX.

Arbrisseaux transplantés bien loin de la patrie,
Par cent périls divers menacés tour à tour ;
Notre espoir est en toi, sainte Vierge Marie ;
Fais-nous porter des fruits d'espérance et d'amour.

CHŒUR.

Rose mystique, etc.

UNE VOIX.

Éloigne de ces lieux les sanglantes alarmes ;
De nos braves soldats secondant la valeur,

Fais triompher au loin les efforts de leurs armes,
Mais des peuples vaincus adoucis le malheur.

CHŒUR.

Rose mystique, etc.

UNE VOIX.

Étends sur ces climats ton ombre protectrice!
Que le Juif et l'Arabe, esclaves de l'erreur,
Ouvrent enfin les yeux au soleil de justice,
Et trouvent sous nos lois la paix et le bonheur!

CHŒUR.

Rose mystique, tendre mère,
De notre France astre brillant et doux;
Nous t'invoquons, exauce la prière
De tes enfants groupés à tes genoux.

FIN DE YAMOUNA.

NOTE

Le costume des Mauresques de Constantine est beaucoup plus décent que celui d'Alger. Les femmes riches portent, les jours de fête, sur une chemise de soie à larges et longues manches flottantes de gaze et de tulle, une tunique de velours, brodée d'or avec des manches arrivant presque jusqu'au coude; sur la tunique trois ou quatre djebbas de brocard rouge et or, vert et or, suivant leur goût; sur ces djebbas sans manches et étroites, descendant presque jusqu'aux pieds, une draperie de gaze, de tulle, brodée en couleur ou lamée d'or ou d'argent, ou bien encore en étoffe blanche de Tunis à larges raies, relevées sur les épaules par des agrafes plus ou moins riches. Quant à la ceinture, j'en ai vu en or ou en argent massif; mais plus ordinairement elle consiste dans une longue écharpe en soie rayée, qui entoure le corps sans le serrer le moins du monde. Les jours ordinaires le brocard est remplacé par des étoffes de moindre valeur en soie, en jaconas ou en mousseline; mais toujours de couleurs vives et tranchantes. La coiffure varie suivant l'âge, le goût, ou la fortune. Zhora, la femme du calife actuel, porte habituellement une espèce de diadème en drap noir, tout enrichi de perles et de diamants; d'autres ont ce diadème en velours brodé d'or; il y en a qui se coiffent avec des mouchoirs tunisiens à couleurs vives et raies d'or, d'autres se font une espèce de turban. Les jeunes filles n'ont d'ordinaire qu'une petite calotte de velours galonné d'or, sur laquelle elles attachent, suivant leur fortune, un nombre plus ou moins grand de sequins (petites pièces d'or fort minces). Les cheveux, teints en rouge ou en noir, sont le plus souvent réunis par derrière, et serrés par un ruban en forme de queue, qui descend presque jusqu'à terre, et se termine par une ganse de rubans de couleur. Les femmes mauresques ont les pieds nus dans des babouches qu'elles laissent toujours à la porte de leur appartement. Les ongles des pieds et des mains sont teints en rouge avec du henné, une partie de leurs doigts et souvent aussi des mains et des pieds en bistre ou en vert. Les sourcils peints en noir se joignent à la racine du nez; quelques points noirs, une petite fleur, ou une espèce de croix, s'élevant un peu sur le front, termine le tout. Elles mettent du rouge sur leurs joues, et souvent aussi des points noirs dans le genre des mouches de nos aïeules, puis sur le bord intérieur des paupières une teinture noire, destinés à faire paraître les yeux plus grands et plus brillants. Ajoutez à tout ce que je viens de dire des bracelets aux bras et à la cheville, plusieurs chaînes et colliers et quelquefois une écharpe ou voile de crêpe attaché derrière la tête et retombant avec grâce, et vous aurez une idée assez complète du costume des dames mauresques. Celui des négresses ou des femmes maures d'une condition médiocre ne varie que par la qualité des étoffes, qui ne sont que de laine ou de coton; les négresses s'entourent la tête d'une pièce de grosse mousseline blanche. Le costume des juives ressemble beaucoup à celui des Mauresques; mais leur djebba, au lieu d'être d'une seule étoffe, est ordinairement mi-partie rouge et bleu, vert et rouge et surtout jaune et bleu, leur couleur favorite. La coiffure varie de même:

les femmes mariées cachent entièrement leurs cheveux sous un mouchoir, qui descend presque jusqu'aux sourcils; elles portent une espèce de voile en crêpe ou en gaze qui, retenu par la coiffure, entoure le menton en dessous et recouvre la poitrine ; un grand nombre entourent leur tête d'une pièce d'étoffe formant turban. Toutes les femmes de la ville, maures, arabes ou juives, portent la melaïa dans la rue ; mais les juives ne se couvrent point, comme les autres, des deux mouchoirs qui, attachés l'un sur le front, l'autre sur le nez, ne laissent voir que les yeux de celles qui les portent.

FIN.

TABLE DES MATIÈRES

Julie, drame en trois actes....................... 1
Le Club des jeunes filles, comédie en trois actes... 81
Yamouna, drame en trois actes..................... 177
Préface de Yamouna................................ 178
Note.. 267

FIN DE LA TABLE.

Cordeil, typ. et stér. de Crété.

www.ingramcontent.com/pod-product-compliance
Lightning Source LLC
Chambersburg PA
CBHW050324170426
43200CB00009BA/1445